Loes de Fauwe en Arthur van Amerongen

Kasba Holland

Uitgeverij Atlas
Amsterdam/Antwerpen

© 2006 Loes de Fauwe en Arthur van Amerongen
Omslagontwerp: Roald Triebels
Omslagillustratie: Jan-Dirk van der Burg
Illustraties binnenwerk: Jan-Dirk van der Burg (JDvdB);
Gilles Frenken (GF); PJG Design; Geert Snoeijer (GS)

ISBN 90 450 1315 0
D/2006/0108/575
NUR 320

www.boekenwereld.com

Inhoud

1 Wie is er nu eigenlijk bang voor wie 9
Verantwoording/introductie
Arthur van Amerongen en Loes de Fauwe

2 Marokkanen rot op, ga terug naar Turkije 14
Beschouwing over beeldvorming
Arthur van Amerongen

3 Fuck op, vuile stinkmoslims 22
Gesluierd shoppen in Amsterdam
Reportage door Loes de Fauwe en Malika Sevil

4 Ali had twee gezichten 29
Interview met pedagoog Abdel Boulal/
Portret van een Oosterse zoon
Loes de Fauwe en Arthur van Amerongen

5 Het leven is als een wortel: één keer krijg je hem
in je hand en tien keer in je reet 39
Beschouwing over godslastering
Arthur van Amerongen

6 Je lokt het wel uit, hè, in die jurk! 45
Interview met Najib Amhali
Loes de Fauwe

7 Dat mijn vriendje moest afwassen,
vond ik erg grappig 55
Interview met Khalid Kasem
Loes de Fauwe

8 We blijven ouderwets 63
Interview met Mimoun 'Shouf shouf' Ouled Radi
Loes de Fauwe

9 Latifa was een bijzonder braaf meisje 67
Interview met Latifa Aolad Si Mhammed
Loes de Fauwe

10 Ik wil niet bespuugd worden,
ben je helemaal besodemieterd 76
Interview met Hassnae Bouazza, en Lofzang op moeder
Loes de Fauwe

11 Marokkanen zijn feestbeesten 83
Marokkaans feesten in Amsterdam
Reportages door Loes de Fauwe

12 De Candy Bar in Casablanca: kijken maar niet
aanraken 92
Reportage door Loes de Fauwe

13 Hoeren en snoeren in de Maghreb 96
Reportage door Arthur van Amerongen

14 Alle vrouwen zijn hoeren, behalve mijn moeder 100
Het badhuissyndroom, Arabische mannen en seks
Arthur van Amerongen

15 Een goede moslim beft zijn vrouw 107
    Meningen over vrouwen en seksualiteit
    Loes de Fauwe

16 Marokko gold altijd als het paradijs van
    de herenliefde 117
    Beschouwing over islam en homoseksualiteit
    Arthur van Amerongen

17 Daar komt de bruid, en zij draagt karmozijnrood 128
    Loes de Fauwe

18 Je wordt geboren, je leeft en dan ga je dood 137
    Speurtocht door het Rifgebergte
    Loes de Fauwe en Arthur van Amerongen

19 Een Marokkaanse rapper uit Nederland gaat los
    aan de noordkust 145
    Bilal in Marokko
    Arthur van Amerongen

20 In de moskee: we moeten bruggen bouwen.
    Maar hoe? 155
    Loes de Fauwe

21 Jonge moslims missen nog het vermogen om vrij
    te denken 161
    Interview met Ahmed Marcouch
    Loes de Fauwe

22 We willen toch allemaal alleen maar gelukkig
    worden 168
    Terugblik met Ahmed Aboutaleb
    Loes de Fauwe

1

Wie is er nu eigenlijk bang voor wie?

De naakte feiten moeten islamofoben slapeloze nachten be-
zorgen: volgens een Duits onderzoek uit 2004 wonen er 53
miljoen moslims in Europa, van wie 14 miljoen in de Europese Unie. Als deze trend zich doorzet, zal in 2020 10 procent van alle Europeanen moslim zijn. De islam is in vrijwel
elke Europese staat de tweede religie en nadrukkelijk aanwezig in de meeste grote steden. Moskeeën, islamitische
scholen, *boernoes, djellaba, hijab* en *niqab, halal*-slagerijen,
raïmuziek, oriëntaalse kruideniers, Turkse, Marokkaanse,
Pakistaanse en Egyptische eethuisjes en snackbars zijn niet
meer weg te denken uit het hedendaagse straatbeeld. Niet
alleen de middenstand floreert, op zakelijk, sportief en cul-
tureel gebied boeken mannen en vrouwen met een islamitische achtergrond steeds vaker opvallende successen. Lange
tijd was het geloof voor veel migranten en hun nazaten een
privé-kwestie, ze voelden zich in de eerste plaats Fransman,
Engelsman, Duitser of Nederlander.

'11 September' heeft de Europese moslims dichter bij elkaar gebracht, zij het tegen wil en dank. Het wantrouwen tegen hen is enorm, ze worden geassocieerd met extremisme,
geweld en terrorisme. De spectaculaire aanhouding van
twee Nederlandse moslims in een trein in het najaar van
2005 was het absolute dieptepunt. Medereizigers hadden in
paniek de politie gebeld met de mededeling dat twee verdacht uitziende mannen opvallend gebruik maakten van

Vergezicht Rif © GF

het toilet. Achteraf bleek dat de mannen zich ritueel aan het wassen waren, als voorbereiding op het gebed.

De moord op Van Gogh verscheurde Nederland. De angst voor moslims regeerde en in de media werd aanhoudend een zeldzaam ongenuanceerde discussie gevoerd over de islam. Vooral de Marokkanen kregen het zwaar te verduren. Ze vormen nauwelijks een eenheid, maar het leek wel alsof de hele gemeenschap collectief aansprakelijk werd gesteld voor de moord. Vanuit een mengeling van woede, verontwaardiging en verbazing ontstond de *Parool*-serie Kasba Amsterdam, de basis voor dit boek.

Maar wie is nu eigenlijk bang voor wie? Uit een recent Engels onderzoek blijkt dat juist moslims zich bedreigd voelen. Ze wonen in achterbuurten en krijgen vaak te maken met geweld en misdaad. In de politie hebben ze nauwelijks vertrouwen. Grote aantallen moslims in Europa worden geconfronteerd met een onvrijwillige uitsluiting van sociale, politieke en economische instituties. Ze kunnen zich niet identificeren met de dominante cultuur, tegelijkertijd wordt hun eigen cultuur voortdurend stereotiep en vaak als achterlijk en primitief neergezet.

Uit een onderzoek uit 2005 blijkt dat 60 procent van de Nederlanders nog nooit met een Marokkaan heeft gesproken, terwijl Marokkanen overal wonen, van Harlingen tot Hoensbroek.

De Nederlandse vooroordelen over Marokkanen zijn net zo schrijnend als die over joden: ze stinken naar knoflook, ze zijn onbetrouwbaar in de handel, ze hebben een fout geloof en spreken een geheimzinnige taal in hun gebedshuizen. Ze komen steevast te laat op afspraken of dagen helemaal nooit meer op; ze jatten, ze beroven oude vrouwtjes, ze vormen de vijfde colonne van het islamitische leger, ze passen zich niet aan aan onze cultuur. Dat is met dank aan de jongeren die met hun gedrag Marokkanen synoniem hebben gemaakt aan narigheid. Die hoog scoren in de criminaliteitstatistieken, die openbare ruimten terroriseren, roven en stelen, die het woord discussie niet kennen en die hun onvermogen uitsluitend wijten aan anderen. Die 'hoer' roepen naar iedere autochtone vrouw die in de weg loopt, die denken dat elke meid met een blote taille openbaar bezit is. Die Marokkanen waren er, zijn er en er komt, dat blijkt uit de statistieken, nog een hele generatie kinderen van niet-geïntegreerde importbruiden aan van wie we nog een nieuwe pot narigheid kunnen verwachten.

Om maar te zwijgen over de kans dat nu ergens in een zandbak een kleine Mo ronddartelt die zich over een jaar of vijftien ook geroepen zal voelen tot de jihad, zoals Mohammed B. en de Hofstadgroep. Die feiten liggen er allemaal, daarmee hoeft echter niet iedere Marokkaan te worden weggezet als achterlijk of gevaarlijk.

Wie de moeite neemt om alle vooroordelen over Marokkanen opzij te schuiven, vindt een fascinerende, kleurrijke mediterrane cultuur die niets te maken heeft met het grauwe beeld dat het afgelopen jaar is ontstaan. In dit boek hebben wij bewust geprobeerd vooral die aangename kant van de Marokkaanse gemeenschap te belichten. Voor de verandering komen alleen 'geslaagde' Marokkanen aan het woord. Van hen zijn er genoeg in Nederland, alleen zag je ze zelden in de media. Al die 'gewone' Marokkanen, op hun scholen, hun werk, in hun gezinnen en in hun uitgaansleven, hebben met straatcriminaliteit of extremisme niets van doen. Ze zijn geïntegreerd, spreken beter Nederlands dan de gemiddelde Mokumer en willen ook maar gewoon, zoals de Amsterdamse wethouder Ahmed Aboutaleb in dit boek verwoordt, een beetje gelukkig worden. Die Marokkanen zijn in de regel vrolijk, hartelijk en gastvrij. Het zijn bovenal mediterrane types: heetgebakerd, temperamentvol, wispelturig, met het hart op de tong. Bij Italianen vinden we die theatrale eigen-schappen prachtig, maar die hebben dan ook het goede ge-loof. Daarom wordt het tijd voor een herwaardering van on-ze Marokkaanse landgenoten. Beschouw hem of haar als een Italiaan of Spanjaard met een exotisch geloof, dan valt het reuze mee.

2

Marokkanen rot op, ga terug naar Turkije

Onze kennis van de bijna een miljoen moslims in Neder-
land en van de landen waar ze vandaan komen, laat te
wensen over. 'Wat doen die Arabieren hier/ ze zijn niet te
vertrouwen bij onze mooie vrouwen' zong Vader Abraham
ooit.

In de zomer van 1975 stond de hit 'Agesus' weken bovenaan
in de top-40 en zong heel Nederland het lied over de lotge-
vallen van deze gastarbeider uit volle borst mee. Agesus was
een Turk, al deed zijn wonderlijke naam met de keelklank
eerder aan een Marokkaan denken en ook het koeterwaalse
refrein riep eerder een Arabische dan een Turkse sfeer op.
Turk of Marokkaan, voor Alexander Curly was het één pot
nat en de boodschap van zijn smartlap was duidelijk: de gastarbeider geilt op onze blanke dochters en trekt graag een mes
(terwijl het toch algemeen bekend is dat Turken bij voorkeur
schieten). Moslims en messen blijven, mede dankzij de
moordenaar van Theo van Gogh, Mohammed B., hardnek-
kig met elkaar verbonden.

Vreemd genoeg protesteerde niemand tegen dit dubieu-
ze nummer van Curly, terwijl in datzelfde jaar het lied 'Wat
doen we met die Arabieren hier' (want 'ze zijn niet te vertrouwen bij onze mooie vrouwen') van Vader Abraham tot
kamervragen leidde en werd geboycot door de NOS-radio.
Vijf Arabische werknemers hadden een strafklacht inge-

diend tegen Vader Abraham (Pierre Kartner), die tijdelijk onder politiebewaking werd gesteld en later nog zijn excuses aanbood aan de honorair consul van Koeweit.

In 1988 studeerde ik Midden-Oostenstudies aan de Hebreeuwse Universiteit van Jeruzalem. Een hoogleraar, van oorsprong een Canadees, opende het college geschiedenis van het Midden-Oosten met de woorden: 'Als een joodse jongen veertien jaar wordt, krijgt hij boeken van zijn ouders, een Arabische jongen krijgt van zijn vader een mes.' Overigens is het scheldwoord voor Marokkaanse joden in Israël *sakinai'im*, messentrekkers, maar dat terzijde.

In de VS vecht de 66-jarige Jack Shaheen, hoogleraar massacommunicatie al sinds 1975 tegen dit soort vooroordelen. Hij bestudeerde de negatieve manier waarop Arabieren in de Amerikaanse filmindustrie in beeld worden gebracht. Hij publiceerde twee opzienbarende boeken: *The TV Arab (Arab and Muslim Stereotyping in American Popular Culture)* en onlangs *Real Bad Arabs: How Hollywood Vilifies a People*. Voor *Real Bad Arabs* bestudeerde Shaheen ruim negenhonderd Amerikaanse films waarin Arabieren of bewoners van het Midden-Oosten voorkomen.

Je wordt niet vrolijk van Shaheens conclusie: Arabieren worden neergezet als terroristen, bloeddorstige strijders, rijke, onethische smeerlappen en als fanatici die in een andere god geloven en weinig of geen waarde aan het leven hechten. Ze willen het Westen vernietigen met olie en terrorisme en ontvoeren, mishandelen en verkrachten westerse vrouwen, hebben vrijwel nooit familie en wonen op primitieve plekken, bij voorkeur in de woestijn. Als je Arabische vrouwen al ziet in films, zijn ze verborgen in zwarte lappen of gaat het om zwijgende, exotische haremmeisjes. In de films die Shaheen zag werden Arabieren zelden als normale mensen geportretteerd, in tegendeel, ze werden gedemoniseerd en ontmenselijkt. Hollywood heeft, aldus Shaheen, een atmosfeer van intolerantie gekweekt waarin, zeker na 11 september, racisme gedijt.

Om de animatiefilm *Pocahontas* (door Marokkanen ook wel Pakdiehandtas genoemd) historisch verantwoord te maken (lees: zo politiek correct mogelijk), gingen de Disney-studio's eindeloos te rade bij *native Americans*, oftewel de indianen. Bij films over joden en negers gebeurt hetzelfde. Voor de Disney-film *Aladdin* werd nauwelijks met Arabieren overlegd. In deze succesvolle animatiefilm, waarvan de gehele cast uit Arabieren bestaat, hebben de helden een lichtere huid en een Amerikaans accent, terwijl de boosaardige bewakers en koopmannen een donkere huid, haakneuzen en een zwaar Arabisch accent hebben. Als joden zo werden afgebeeld, zou een enorme rel ontstaan.

Shaheen stelt dat de grote zenders, inclusief NBC, Fox, ABC and CBS, sinds 11 september niet alleen de Arabische moslims in een kwaad daglicht hebben gesteld, maar ook nog eens proberen Arabische Amerikanen gelijk te stellen aan terroristen. Nooit zie je het lijden van Arabieren in het Amerikaanse nieuws en daarom kunnen dode Arabieren worden teruggebracht tot *collateral damage*. Met Arabieren sympathiseer je nu eenmaal niet.

In het Nederland van de jaren zestig gold de Arabier aanvankelijk nog als exotisch, net als de eerste lichting gastarbeiders. Voor hele generaties Nederlanders was de vliegende fakir in de Efteling de eerste kennismaking met het Midden-Oosten, of de strip *Iznogoedh*, die jaren in het weekblad *Pep* stond. *Iznogoedh* van de tekenaars Tabary en Goscinny was gebaseerd op de Arabische vertellingen van Duizend-en-één-nacht. De hoofdrol is voor de boosaardige Iznogoedh, die terzijde wordt gestaan door de onnozele Ali del Dehrel. Het succes van de strip is het eindeloos uit-

Het centrum van Casablanca © GF

melken van dezelfde grap: Iznogoedh verzint iets om van de kalief af te komen (hij wil zelf de macht overnemen) en trapt vervolgens in zijn eigen val.

De Arabische wereld vormde in diezelfde tijd ook het decor voor politiek tekenaar Fritz Behrendt, zij het op beduidend minder romantische wijze. Behrendt (die eerst voor *Het Parool* werkte en dat nu nog voor *De Telegraaf* doet) tekende Arabieren steevast als grimmige en onbetrouwbare sujetten, terwijl de Israëli's er altijd pico bello en beschaafd uitzagen. Tijdens de Suez-crisis van 1956 publiceerde Behrendt een tekening waarop premier Ben Goerion, getekend als een vriendelijke opa in een tuinbroek, in het zweet zijns aanschijns staat te wieden en te sproeien in het kleine tuintje dat Israël moet voorstellen. In dat woestijnlandschap, temidden van stenen en rotsen, ontkiemen warempel planten en bloemen. Achter een muur staan de toenmalige Arabische leiders te gluren; de afgunstige blik in hun bolle ogen spreekt boekdelen. Stiekem gooien ze steeds meer stenen in de tuin, in een poging het nobele zionistische project te saboteren. Ben Goerion blijft echter rustig en sereen. Pas op het laatste plaatje raakt zijn geduld op en werpt hij een steen terug over de muur, waarna de Arabische leiders moord en brand schreeuwen, met een haast satanische blik in hun ogen.

De tekeningen van Behrendt hebben ongetwijfeld bijgedragen aan het negatieve beeld van Arabieren, in een tijd dat ze nog amper in Nederland woonden. Mede door het schrikbarend slechte en eenzijdige geschiedenisonderwijs in Nederland werden vrijwel alle gebeurtenissen in het Midden-Oosten gerelateerd aan Israël.

De gemiddelde Nederlander kan een Marokkaan niet van een Turk onderscheiden (tip: Marokkanen hebben vaker krullen dan Turken, die meestal steil haar hebben). De gemiddelde Nederlander denkt dat Turken en Marokkanen Arabieren zijn. Maar Turken zijn geen Arabieren. (Om het nog ingewikkelder te maken: Koerden in Turkije zijn geen etnische Turken, ook geen Arabieren, maar wel overwegend moslim. Iraniërs zijn ook geen Arabieren, zij zijn Perzen en hebben hun eigen duizenden jaren oude Perzische taal en cultuur. Dan heb je nog Armeniërs, die wonen door het hele Midden-Oosten, maar zijn allemaal christelijk. Zij spreken onderling Armeens en de taal van het land waar ze wonen.)

Een Arabier, kortom, is iemand die Arabisch spreekt en de Arabische cultuur uitdraagt. Dat heeft niets te maken met land of religie: je hebt ook Arabische joden en Arabische christenen.

De meeste Marokkanen in Nederland zijn Berbers, sinds millennia de oorspronkelijke bewoners van Noord-Afrika, met een eigen taal en cultuur. In de Arabische overheersing van veel later is de niet-islamitische Berbercultuur onderdrukt. Dat ligt nog steeds gevoelig. In het hedendaagse Marokko is de Berbercultuur in ere hersteld.

In Algerije, net als Marokko overwegend Berbers, luidt nog steeds het gezegde 'een Algerijn die zegt dat hij een Arabier is, is een domme Berber'.

Het enige wat Turken en Marokkanen bindt, is hun religie, de islam. Turken zijn kuddedieren, Marokkanen zijn individualisten. Wellicht ook dat het daarom zo vaak botst tussen Marokkanen en Nederlanders. Individualisten die elkaar maar al te vaak tegenkomen, op straat, op school en in het uitgaansleven. Turken gaan naar Turkse cafés en discotheken. Die hoeven dus bij de poort niet te worden geweerd. Daardoor blijven vechtpartijen tussen Nederlanders en Turken als gevolg van 'een deurbeleid' dan ook vaak uit. Het individualisme onder Marokkanen manifesteert zich duidelijk, bij Marokkaanse schrijvers, sporters, acteurs, criminelen.

Individuele kwaliteiten gedijen goed bij kanslozen, uitgeslotenen. Als je jaren op straat moet doorbrengen, word je haast vanzelf crimineel. Of als je je niet thuis voelt op straat tussen criminelen of Nederlanders en ook je ouders je niet kunnen boeien, duik je in de (woorden)boeken en word je schrijver, dichter, cabaretier of columnist. Turken brengen artsen, advocaten en nog veel meer academici voort, maar die halen de krantenkolommen niet. Terwijl de Marokkanen schreeuwen om een beetje respect, aansluiting en emancipatie, zijn de Turken reeds bezig het middenkader te vormen. Daar komen de Marokkanen nu achteraan.

Marokkaanse jongeren scoren al lange tijd hoog in de statistieken van de kleine criminaliteit. Dat zijn die zogenoemde 'kut-Marokkanen' – de term die door de voormalige Amsterdamse wethouder Rob Oudkerk salonfähig is gemaakt.

Marokkanen in Nederland hebben echter zelden grote criminelen voortgebracht. Turken en Koerden wel. Die beheersen de heroïnehandel, de mensensmokkel, illegaal werk en de laatste tijd ook de illegale prostitutie in de grote steden. Het is gemakkelijker een tasjesdief op te pakken dan een Turkse of Koerdische heroïnehandelaar. En straatcriminaliteit is per definitie een stuk zichtbaarder dan georganiseerde misdaad.

Uit een onderzoek van het NIPO in december 2004, bleek dat 35 procent van de bevolking afwijzend tegenover moslims stond, Turkije-vakanties of niet. In landen als Spanje en Italië, waar men toch dezelfde problemen ondervindt met bijvoorbeeld Marokkanen, zijn ze een stuk minder negatief. Daar zijn de percentages respectievelijk 19 en 14.

Het moge duidelijk zijn dat Nederland met afstand het minst gastvrije land van Europa is geworden.

Onbekenden spoten in 2004 in Tilburg de volgende tekst op een muur: 'Marokkanen rot op, ga terug naar Turkije.' Onze kennis van Turken en Marokkanen heeft sinds 'Agesus' uit 1975 geen wezenlijke vooruitgang geboekt.

Alexander Curly – 'Agesus'

Agesus las in een Turkse krant
Een advertentie van 't beloofde land
Hij nam z'n vrouw, z'n koffer en de trein
En schreeuwde dat 'ie binnenkort
Snel rijk zou zijn
En een Turkse Sjeik zou zijn

Agesus kreeg in Amsterdam
Een kamer samen met nog veertien man
Twintig kippen, een geit en een konijn
En schreef z'n Turkse vrouw
Dat 'ie snel rijk zou zijn
En een Turkse Sjeik zou zijn

Refrein:
Agesus Tabena Chaile Chud
Tabenana Hassan Tabena Chaile Chud
Agesus Tabena Chaile Chud
Tabenana Hassan Tabena Chaile Chud
Agesus Tabena Chaile Chud
Tabenana Hassan Tabena Chaile Chud
Agesus Tabena Chaile Chud
Tabenana Hassan Tabena Chaile Chud
Hoy Hoy Hoy Hoy Hoy Hoy Hoy Hoy

Agesus in 't beloofde land
Naast Blonde Truus aan de lopende band
Vond dat 't blonde wel bijzonder fijn
En ontzettend rijk
Voor een Turkse Sjeik zou zijn
Ontzettend 'sjeik' zou zijn...
'Blijf van d'r af !' zei Bolle Jaap
'Anders sla 'k je voor je Turkse raap.'
Daar vloog het mes voor Jaap er erg in had
En gaf een naar gevoel
Onder z'n schouderblad
En dat was dat

Refrein

3

Fuck op, vuile stinkmoslims

*Gesluierd shoppen in Amsterdam: je trekt zo'n djellaba niet
even uit, dus je ploft van de hitte. Zegt een mevrouw: 'Ik kan
er ook niks aan doen, maar ik vind het er eng uitzien.'*

In de weken na de moord op Van Gogh, toen elke moslim
en elke moslima door autochtone Nederlanders ofwel werd
bekeken als een potentiële moordenaar ofwel als iemand die
die moord vast wel goedkeurde, begon het met nieuwsgie-
righeid. Hoe is dat nu in Amsterdam, als je op straat loopt
en als moslim herkenbaar bent?

Dan moet je je verkleden.

Een boerka dus, extremer is er niet.

Maar waar koop je een boerka?

De zoektocht naar een boerka was op zichzelf al fascinerend. En niet ingewikkeld. Loop in Amsterdam de Ten Katemarkt op en vraag. Al gauw word je verwezen naar de
ingang van een overdekte marktgalerij waar de puur Marokkaanse en Turkse koopwaar te vinden is. De jongens met
de cassettebandjes, cd's, video's en dvd's bijvoorbeeld.
Waar je alle denkbare Arabische muziek kunt krijgen, ook
die uit de meest recente top-10, waar de video's met buik-
danslessen broederlijk naast die met religieuze inhoud
staan. De Turkse kapper zit er, en de textielhandelaar met
alles wat een moslim nodig heeft aan kaftans, djellaba's en
hoofddoeken. In alle soorten en maten, kleuren en stoffen,

met bijpassende muiltjes. Een exotisch paradijsje.

Hier kijkt de koopman niet op als je als westerse vraagt naar een boerka of een niqab. Daarvoor, zegt hij, moet je naar de zwarte markt in Beverwijk. Maar hij kan wel helpen, als we helemaal bedekt willen, want waar gaat de vakantie heen? Hij vraagt het belangstellend, want zoveel landen zijn er nu ook weer niet waar je als vrouw alleen geheel gesluierd de straat op mag. We gaan zeker, zegt hij, naar Somalië, of Iran.

Hij legt wat djellaba's uit. Willen we katoen, wol of synthetisch? En welke kleur?

We willen zwart en kiezen voor een mooie van wol, met een ingeweven motief. Maar dan onze hoofden. Behulpzaam knoopt hij een zwart kapje om ons hoofd. De helft van het voorhoofd en al het haar zijn verdwenen. In de spiegel zie je de metamorfose naar een onbestemde, nu al bijna onherkenbare vrouw. Dan komt de grote organzadoek. Dubbelgevouwen naar de punten gaat die om het hoofd, onder de kin langs, met een speldje wordt die vastgezet ter hoogte van onze konen. Vervolgens vouwt hij de lap terug over de neus en zet hem vast aan de andere kant van het gezicht. De rest van de doek wordt geplooid over wat er nog zichtbaar is van onze nek. Alleen onze ogen zijn nog te zien. We betalen en zeggen dat we de kleding aanhouden. De koopman kijkt er niet van op. Als we de marktgalerij verlaten, knikken de andere kooplieden gewoon gedag. Ze zien niets bijzonders.

Wij gaan shoppen in Amsterdam.

Maar buiten, op de Ten Katemarkt zelf, wordt veel naar twee gesluierde vrouwen gekeken. Zo verstopt zien ze ze daar nu ook weer niet zo vaak. Dus vanuit de ooghoek peilen al die nationaliteiten wat dit kan zijn: Somalië, Iran, Afghanistan? Maar geen commentaar. De marktkoopman roept even vrolijk hallo als bij iedere klant en kijkt niet raar op als hij vanonder die zwarte voile geen antwoord krijgt.

Alleen de jongens die staan te werven voor een boekenclub doen geen moeite om ons binnen te halen. Ze doen een stapje opzij, zoals, dat valt meteen op, vrijwel iedereen in drukke straten en warenhuizen ons ruim baan geeft.

Vijf minuten op pad, vanaf de Ten Katemarkt de Kinkerstraat op. Het heeft wel wat, van wind en regen geen last, de voile wappert langs het hoofd, beetje wennen aan het zicht met een zwart kader. Afgezien daarvan ziet de wereld er niet anders uit dan anders.

Het 'kankerwijven', sissend uit de mond van een passerende man, wekt dan ook eerder verbazing dan verontwaardiging. 'Wat zei die vent nou? Kankerwijven?' Ja. Kankerwijven. Hij is al een eind voorbij en kijkt nog eens om. Kwaad, vooral kwaad.

Het is nogal een ervaring zomaar uit het niets te worden uitgescholden. We zien ineens hoe iedereen, echt iedereen, onderzoekend kijkt. 'Moet je kijken, die twee, je ziet alleen maar ogen,' knikkend naar elkaar: zielig toch. Maar we voelen ons helemaal niet zielig en stoppen nog eens secuur het randje van de doek strak weg. In de tram vragen we de tramconducteur om te stempelen tot de P.C. Hooftstraat en gaan gewoon zitten. Het went snel om een bezienswaardigheid te zijn.

Rond het middaguur op deze doordeweekse dag is het op de P.C. Hooftstraat lekker rustig. De man – zo'n sportief geklede doorsnee huisvader – die ons op zijn fiets passeert, neemt er de tijd voor: kijkt, lacht, maakt lokkende zoengeluiden en beweegt traag de hand met de opgestoken middelvinger op en neer. Rijdt even door, kijkt om voor het effect en herhaalt secuur zijn handeling. Fietst dan, blijkbaar tevreden, door.

Oud-West komt hier in de P.C. niet shoppen. Zwaar en zwart gesluierd kun je net zo goed doorgaan voor gelieerd

Winkelen in het centrum van Amsterdam © GS

aan een rijke Saoedi. Dus mogen de ogen van verkoopsters, als ze voor de etalageramen plotselinge twee donkere silhouetten zien verschijnen, als knikkers zo groot worden, binnen wacht na enige seconden van totaal opnemen, een en al vriendelijkheid. De bewaker van Louis Vuitton houdt galant de deur voor ons open. Daar, bij Gucci, in de ene boetiek na de andere, schiet het personeel toe en vertelt vriendelijk wat de prijzen zijn van zijden bloesjes, hoge pumps en dat die handschoentjes er ook in het zwart zijn. Ook de jongeman die bij Oger desgevraagd zijn collectie zwarte stropdassen – met modern of klassiek motief? – showt, laat geen verbazing merken. Een lichte behoedzaamheid wellicht, maar dat kan zijn omdat we hem in het Frans aanspreken. Hij vertrekt geen spier als we, van hem afgewend, fluisterend overleggen. Verveeld afwijzen van zijn dassenkeuze wordt even correct geaccepteerd.

Wel prettig om weer buiten te zijn. Even lucht onder de doek door, die na een uurtje al licht benauwd begint te voelen. Daar heeft de cliëntèle van de P.C. geen erg in. Ze kijken, afgeleid met de autosleutels naast het slot van de wagen prikkend, naar die zwarte vrouwen met de waakzame blik die hoort bij territoriumdrift.

In de fameuze lunchroom Het Buffet aan de P.C., waar vooral vaste klanten aan hun rosé nippen en de gastheer luidruchtig bedient, negeren we het moment van stilte als we onze entree maken. We nemen de tijd om een tafeltje in de hoek te zoeken. En dan doen zich de eerste praktische problemen voor. Je trekt zo'n djellaba niet even uit, dus je zit te ploffen van de hitte. Afgunstig kijken we naar die blote nekken en laagvallende truien.

We besluiten dat hier binnen de sluier naar beneden mag, want we willen wat drinken en een sigaret roken. De gastheer brengt water en koffie en informeert met een wat luidere stem dan normaal – je weet tenslotte nooit of zo'n mens onder die lappen nog wel goed hoort – '*You also want to eat something?*' Afkeuring straalt uit zijn ogen, maar hij gedraagt zich als de vriendelijkheid zelve, gasten zijn gasten. Alleen als we bij het afrekenen er iets te lang over doen om muntjes uit de portemonnee te vissen, loopt hij weg met een narrig uitgesproken: 'Ja daar heb ik geen tijd voor hoor, leg het daar maar neer.' Onze grijns blijft, dat is dan weer handig van zo'n sluier, onzichtbaar.

Veel mooie tassenwinkels daar in de P.C. We kwijlen voor een etalage. Even verderop is onze fotograaf aan het werk. Een man passeert en gaat bij herhaling in het beeld staan. Een heer. Hij maant de fotograaf ons met rust te laten. Het is en blijft een nette buurt.

We gaan wat drukte opzoeken, de Leidsestraat. Een jongeman die al vijf minuten zwijgend om ons heen drentelt, wijst behulpzaam de weg. Daar de hoek om en zo naar de brug. De blikken van passanten worden nieuwsgieriger, een klein meisje tuurt geïmponeerd omhoog. In elke tram die langskomt, draaien de hoofden synchroon onze kant op.

Dan passeert op een oude fiets een wat sjofel type. Hij remt af om ons deelgenoot te maken van zijn gevoelens: 'Kut, kut, fuck op, vuile stinkmoslims,' schreeuwt hij en hij draait een rondje. Hij zal het nog drie keer roepen. Als hij dan eindelijk doorrijdt, blijft hij achterom kijken. Woest.

Wij besluiten – het vergt zelfbeheersing – er niet op te reageren en lopen verder naar de Leidsestraat. Beeldschone pumps met een bloemenprint lokken ons een winkel in. Het passen is een bezoeking – het zweet breekt ons werkelijk aan alle kanten uit.

De tocht gaat verder, door de Kalverstraat, richting Dam. In de winkel Zara blijven twee vrouwen met Brabantse tongval even stilstaan om te aanschouwen hoe we een frivool avondjurkje keurend in de lucht houden. Grote ogen, uitgestreken gezichten. 'Je zou er zo maar bij moeten lopen,' sist de een. 'Ik kan er ook niks aan doen, maar ik vind het er eng uitzien.' De ander knikt.

In de Kalverstraat kijkt echt iedereen. Meestal stilletjes, vanuit de ooghoeken, soms met complete nekverdraaiingen. We horen medelijdend gemompel of zien afkeurend hoofdschudden. De blikken zijn in elk geval priemend en onmogelijk te negeren. En als je even zou vergeten dat je gesluierd rondwandelt, brengen die blikken je terug in de werkelijkheid: we zien eruit als *aliens*. Intussen wordt het steeds benauwder onder al dat textiel. Er is er vandaag maar één die een praatje probeert aan te knopen, een Arabische man. In het Engels vraagt hij waar we vandaan komen, hier uit Amsterdam? We slaan de ogen zedig neer, en hij begrijpt de boodschap meteen. Met een vriendelijk knikje loopt hij onmiddellijk door.

Links de Paleisstraat in en achter het paleis door naar Magna Plaza. Twee vriendinnen stoten elkaar aan. 'Ik wil gewoon weten wat eronder zit.' Ook daar veel bekijks. In een winkel met veel Dolce & Gabbana-spul beginnen de verkoopsters te grinniken. Een geeft haar collega een por in de rug: 'Die is voor jou.' Het meisje stapt uiterst vriendelijk op ons af. Of ze ons kan helpen?

In de Bijenkorf staat een mevrouw met een grijs permanentje handschoenen te passen. Haar man stoot haar aan. 'Moet je dát zien.' Ze kijkt met wijd opengesperde ogen. 'Jezus.' Hij, verontwaardigd: 'Er kan wel een terrorist onder zitten!' Twee Marokkaanse meisjes in strakke jeans werpen ons een misprijzende blik toe. 'Tssss, zo ga je toch niet over straat.' Wij gaan door naar de cosmetica. Waarom zouden wij geen belangstelling hebben voor Chanel? Weer die blikken. Twee verkoopsters, die enigszins verveeld tegen de toonbank hangen, schieten wakker. De een: 'Kijhijk!' De ander: 'Nou, lékker dan.' En ze pakken de draad van hun gesprek gewoon weer op.

In de taxi vraagt de Arabische chauffeur voorzichtig: 'Wordt u nu raar aangekeken op straat?' Nou, dat kun je wel stellen. En uitgescholden ook. Hij schudt meelevend zijn hoofd. 'Het ís toch wat. Wat moet je daar nou mee?'

Maar eigenlijk heeft Amsterdam zich aardig gedragen. Denken we eerst. Alleen die twee scheldpartijen. Maar dan: stel dat je altijd gesluierd gaat, en je maakt dat elke dag twee of drie keer mee. Elke dag. Dan wordt het toch een ander verhaal.

4

Ali had twee gezichten

*Buiten zijn ze losbandig, thuis heel kuis. Op straat hebben
ze een grote bek, thuis zijn ze bang voor slaag. Veel Marokkaanse kinderen laveren tussen twee verschillende culturen,
leven in twee werelden.*

'Ali was een lieve jongen. Hij was spontaan, en hij maakte
snel vrienden. De hele buurt kende hem.'
Aldus sprak het zusje van de 19-jarige Ali el Bejjati, daags nadat hij, in januari 2005, was doodgereden door een vrouw
wier tas was geroofd. Zijn vrienden uit de Oosterparkbuurt
herdachten hem in groot verdriet: 'We zullen je ons altijd
blijven herinneren als een vriend, een echte vriend, een
groot voorbeeld voor ons.' De dag van het ongeluk had justitie voor de Amsterdamse rechtbank nog twee jaar cel tegen
Ali geëist wegens een gewapende roofoverval.

Ga er maar van uit dat al deze mensen, als het over Ali gaat,
gelijk hebben.
   Ali had twee gezichten.
   Ali had twee levens.
   Ali verkeerde in twee werelden.
   Zoals bijna alle jonge Marokkanen in Nederland.

Ze kunnen op straat de boel terroriseren, ze kunnen zich
daar een punthoofd blowen, ze kunnen nachtenlang disco-

theken afstropen en zich helemaal suf neuken – met Nederlandse meiden natuurlijk – maar ze zullen thuis in het bijzijn van hun ouders een vrijscène op tv wegzappen, ze zullen in de nabijheid van hun moeder geen sigaret opsteken, en als ze van hun vader een hengst krijgen, zwijgen ze.

Dat heeft te maken met respect.

Ze schakelen moeiteloos van het ene naar het andere leven, want ze zijn niet anders gewend. Ze spreken over twee 'maskers'. Dan hebben ze het over hun leven dat zich afspeelt in twee culturen, de Marokkaanse wereld thuis, en de Nederlandse maatschappij buiten. Die hebben niet zo veel met elkaar te maken. Scharnierpunt zijn die kinderen zelf.

'Er is een kloof. Hoe groot die kloof is, hangt af van thuis, maar het zijn hoe dan ook twee totaal verschillende situaties, die van het kind creativiteit eisen,' zegt pedagoog Abdel Boulal (42).

Alleen de slimmerds vinden hun eigen uitweg. En wie niet creatief is, slaat los, flipt op school en heeft geen benul van wat nog mag en wat niet. En dan zijn de rapen gaar. Niet alleen buiten – waar in het beste geval de schoolmentor wacht en anders wel de politie – maar ook thuis breekt de hel los, want dat kind dient niet te falen. Dus vader pakt een eind hout – en staat vervolgens weer raar te kijken als hij degene is die door de politie wordt meegenomen. Dan denken ze: die Nederlanders zijn helemaal gek.

En dan liegen ze allemaal, uit schaamte voor iets wat niet in orde is, om ruzies uit de weg te gaan. Want met je ouders ga je niet in debat, met je ouders maak je geen ruzie.

Dat heeft ook te maken met respect.

De van oorsprong Marokkaanse pedagoog Abdel Boulal was de eerste Marokkaan die Marokkaanse ouders met opvoedingsproblemen adviseerde. 'In een conservatief, streng gezin, waar ze volgens de islamitische normen leven, is het natuurlijk weer anders dan in een gematigd gezin, dat wel toenadering zoekt tot die andere wereld. Maar het is altijd bijzonder moeilijk.'

Gevolg voor de kinderen is onduidelijkheid op alle fronten. Boulal schetst hoe het uitpakt als een kind in twee zulke gescheiden werelden opgroeit en op eigen houtje de route moet zoeken die leidt tot tevredenheid in twee kampen. Voor de een is dat funest, een ander doet er zijn voordeel mee.

Van Marokkaanse kinderen wordt veel verwacht. Te veel, zegt Boulal: 'De jongens moeten de familienaam hoog houden, een goede baan vinden, een goede Marokkaan zijn, en een goede moslim. Ze moeten opkomen voor de familie en zorgen voor de ouders. Dat is een behoorlijke opdracht. Voor meisjes is het nog erger, want die moeten ook nog eens braaf zijn. En als er eentje uit de boot valt, is dat een groot taboe.'

Zware opdrachten dus. Boulal: 'Kinderen hebben daarvoor duidelijkheid, zekerheid en zelfvertrouwen nodig. Wij zeggen altijd: wees trots op het Marokkaanse, maar leer uw kind ook dat het leeft in een andere maatschappij met andere normen en waarden. Die kinderen snakken naar identiteit. Dat is cruciaal. Intussen willen die ouders, natuurlijk net als andere ouders, dat het kind het beter gaat doen dan zijzelf, maar ze weten niet hoe ze dat moeten bereiken.'

Zat Nederlandse ouders zullen nooit een pedagogisch werkje ter hand nemen om zich eens te informeren over wat, in geval van problemen met kinderen, een handige aanpak kan zijn. Ze doen wat hun ouders deden. En dat kan, dat laat zich raden, prettig uitpakken of faliekant verkeerd. Als het verkeerd uitpakt komt dat meestal door herhaling van minder vruchtbare gewoontes. Er zijn nog genoeg ouders die volhouden: ik ben van een pak slaag ook

Abdel Boulal © JDvdB

nooit slechter geworden. Dat is onder Marokkanen niet anders.

Boulal: 'Kinderen zijn altijd op zoek naar aandacht. Als je de hele dag je best doet, maar je hoort nooit eens: "Wat lief," omdat je ouders zelf ook zijn opgevoed met straffen en dreigen en niet met beloning, dan ga je vanzelf ongewenst gedrag vertonen. Want dán krijg je wel aandacht, al is het maar doordat je ouders beginnen te schreeuwen. Daarbij komt: hier wordt gehamerd op taal, een Marokkaanse moeder zal zeggen: "Moet ik praten tegen een tweejarige?"

Intussen zit dat kind op een Nederlandse school, waar repressie niet bepaald het uitgangspunt is. Daar wordt gepraat en onderhandeld, daar worden afspraken gemaakt, terwijl daar thuis absoluut geen sprake van is. Boulal: 'Dus dat kind moet telkens een knop omzetten, dat is moeilijk hoor. Uiteindelijk heeft het kind het thuis noch op school meer prettig. Het raakt in de war, verliest zelfvertrouwen, leert niet meer goed, en voor je het weet zit het in een neerwaartse spi-

32

raal. Tegen de tijd dat het begint te puberen, naar het voortgezet onderwijs gaat, dus zelf de stad in moet, en er geen controle meer is op hoe het zijn dag doorbrengt, is het te laat.'

Buiten lokken het bier, de hasj, mooie scooters en meisjes. Eens rustig iets uitproberen en desnoods thuis daarover lekker ruzie schoppen, is er niet bij. Zo leer je niet dat vrijheid gepaard gaat met verantwoordelijkheden, dat er grenzen zijn. Buiten wacht trouwens ook het wantrouwen van de Nederlanders: 'Daar heb je weer zo'n Marokkaan.' En dat voel je ook als je er eentje bent die niet rotzooit.

Zo laveert dat kind, die jonge man, die jonge vrouw, tussen hier en daar en trekt een eigen plan. Inmiddels hebben die slimmerds hun weg weten te vinden: ze maken hun school af, stromen door naar het hoger onderwijs. Maar ook die jongeren krijgen te maken met gedoe: noem je Marokkaanse naam en de stageplaats is opeens vergeven, de baan is net weg. Dan moet je wel een doorzetter zijn. Boulal is oprecht als hij zegt: 'En dan zijn er nog zo veel die het wel gered hebben, een studie hebben gedaan, een goede baan hebben. Dat is eigenlijk een godswonder.'

Mohammed Sahili (41), van de Unie van Marokkaanse moskeeën in Amsterdam, kent 'geen Marokkanen die stelen goedkeuren'. 'Er zijn oudere Marokkanen die zeggen: "Gewoon de hand afhakken." Je hebt ouders die zeggen: "Hij is onze zoon niet meer, berg hem maar op in een internaat." Ze weten niet wat ze moeten doen.'

In de jaren negentig, zegt hij, hebben Marokkaanse ouders hun problemen al kenbaar gemaakt. 'Ze zeiden: "Scholen moeten helpen, de overheid moet helpen." Maar toen werd gezegd: "Opvoeding is een privétaak." Nu is het een groot maatschappelijk probleem, omdat de leeftijdsgroep van de jongeren met problemen opeens groot is.'

Dus is intussen in Nederland, nog meer dan rond de inburgering, een complete industrie ontstaan rond de opvoedingsondersteuning. Cursussen, themabijeenkomsten, opvoedkundige spreekuren, groepsgerichte voorlichting, Stap-In, Open Inloop, voorschoolse activiteiten, allemaal uitgevoerd door evenzoveel instellingen. Het onderwerp opvoedingsondersteuning danst rond bij de GG&GD, bij huisartsen, jeugdgezondheidszorg, maatschappelijk werk, scholen, moskeeën en zelfhulporganisaties. In de eigen taal, intercultureel en in het Nederlands. Je kunt geen variatie bedenken en het aanbod bestaat.

Hoe groot die Nederlandse opvoedingsindustrie is, hoeveel mensen er werken en hoeveel geld erin omgaat, is nauwelijks te schatten. In de Amsterdamse wijk Geuzenveld, één stadsdeel, gaat het om bijna twee ton. En dat terwijl de respons dun is, al kun je zeggen dat elke allochtone ouder die om advies komt vragen, er één is en dat het ergens moet beginnen. Een werkneemster uit deze sector zegt: 'En nu heb je weer nieuwe bruiden, met schoonouders die vrouwen binnenhouden, dus begin je weer van voren af aan.'

Mohammed Sahili heeft bij de Kamer van Koophandel wel honderd stichtingen geteld die zich bezighouden met van alles, namens Marokkanen. Hij, zelf werkzaam in de jeugdzorg, twijfelt aan de effectiviteit: 'Dan is er een alleenstaande Marokkaanse moeder met zeven kinderen. Die heeft problemen, ze spreekt de taal niet, er komt gezinshulp. Die moeder zegt dan: huishouden kan ik zelf wel. Er is heel veel, maar nauwelijks toegesneden op de specifieke vragen.'

Volgens Mohammed Sahili moeten eigen Marokkaanse organisaties zich hierop storten. Hij is optimistisch over een toenemend aantal jongeren in het Marokkaanse vrijwilligerswerk. Ook de buurthuizen maken er werk van: voorlichtingsavonden over opvoeding behoren tot de vaste pro-

Mohammed Sahili © JDvdB

grammaonderdelen, want de Marokkaanse ouders zitten met de handen in het haar. De buurt trouwens ook. Maar het aantal Marokkaanse ouders dat daar komt, blijft beperkt. Degenen die wel komen behoren doorgaans tot de kleine groep die al actief is in organisaties.

Trees Pels, onderzoekster van het Verwey-Jonker Instituut in Utrecht, doet al jarenlang onderzoek naar Marokkaans opvoeden. Zij is over al die opvoedingscursussen een tikje sceptisch. Naar haar zeggen zijn al die goedbedoelde activiteiten vooral te beschouwen als een soort 'beschavingsoffensief' waar Marokkaanse ouders steeds meer moeite mee krijgen. Want natuurlijk zijn niet alle ouders onmachtig. Er zijn zat gezinnen, en dat worden er steeds meer, waar de opvoeding wellicht anders verloopt dan gebruikelijk is in Nederlandse gezinnen, maar waar alles goed marcheert en de kinderen netjes hun school afmaken.
Dus willen die Marokkaanse ouders niet alleen maar ho-

ren dat ze het niet goed doen, waarschuwt Pels: 'De autoritaire opvoeding bij Marokkanen heeft ook een erg warme kant en dat wordt door de kinderen ook zo ervaren: als een manier om liefde te uiten. Die variant kennen wij amper en we hoeven die variant niet over te nemen, maar dat betekent niet dat die aanpak per definitie niet deugt.'

Er zijn gezinnen, niet eens zo heel weinig, met analfabete ouders waar traditioneel en helemaal Marokkaans is opgevoed en waar alle kinderen een studie hebben voltooid. Zo vertelt een afgestudeerde hbo'er: 'Mijn ouders waren altijd enorm trots, ook al hadden ze geen idee van wat wij allemaal leerden.'

Dan is de schoolcarrière in orde. Maar dat is geen garantie voor een vloeiende integratie in de Nederlandse maatschappij, want hoe traditioneler de moeder in het ouderlijk huis, hoe traditioneler het gedachtegoed waarmee ook die goed opgeleide kinderen de wereld in gaan.

Pedagoog Abdel Boulal is ambivalent. Zoveel ouders, zegt hij, willen zo graag, maar het lukt zo zelden. Kansloos zijn die ouders, kansloos is dan dat kind. Boulal: 'Het is een verloren generatie.'

Maar hij ziet ook dat de tweede generatie meisjes het beter doet dan de jongens. 'Zij leren beter en als moeder doen ze het ook anders. Dat zijn vrouwen die je misschien niet op de arbeidsmarkt ziet, maar ze spreken de taal, ze zijn meer geïntegreerd, ze zitten niet meer binnen en zijn actief op de school. Zij laten zich niet meer door hun ouders vertellen wat ze moeten doen, zij zeggen: "Het is nu mijn pakkie-an."'

Van kasplant tot cactus

Abdelrani, een bevriende onderwijzer uit Tlemcen in het westen van Algerije, was een oude hippie die nog steeds de hele dag Barbara, Brel en Jacques Dutronc draaide. Hij beschouwde zichzelf als een anarchist, zijn lijflied was 'Ni Dieu ni maître' van Leo Ferré. Abdelrani was een verwoed kettingroker. Het roken zag hij als een vorm van protest, al had hij geen idee waartegen. Maar zodra zijn stokoude vader zijn studeerkamer binnenslofte, verstopte hij vliegensvlug zijn peuk achter zijn rug. Het was lachwekkend, een man van dik in de zestig met lange grijze manen en bakkebaarden die zich gedroeg als een knulletje dat zojuist betrapt is op kattenkwaad.

Het is een merkwaardige vorm van respect tonen jegens je oude heer die je overal in Noord-Afrika en het Midden-Oosten aantreft.

Ook in Turkije en Iran komt deze traditie voor, dus typisch Arabisch is het niet. Het lijkt eerder een islamitisch gebruik, want Libanese en Syrische christenen bijvoorbeeld kennen het niet. Dit merkwaardige en onbegrijpelijke fenomeen wordt tot op de dag van vandaag door ontelbare zonen bloedserieus genomen, waarmee de autoriteit van de vader onaantastbaar lijkt. Ook een jonge Marokkaan in Amsterdam zal nooit in het bijzijn van zijn vader roken, al heeft hij een strafblad en leeft hij als een beest. Hij zal zijn vader ook niet snel recht in de ogen kijken tijdens een gesprek en hem niet tutoyeren, laat staan dat hij hem ooit bij de voornaam noemt.

In de islam geldt: 'Na Allah en de profeet komen de ouders', en rebellie tegen hen is uit den boze. Het risico is *masgoet*, oftewel excommunicatie.

De eerste Marokkanen in Nederland zagen hun vader tot

de gezinshereniging alleen in de zomervakantie. Zij namen cadeaus mee en vertelden opgeklopte succesverhalen over het verre, bijna paradijselijke Nederland. Hun oudste zonen vervulden bij ontstentenis van hun vader de zware rol van gezinshoofd in Marokko – en moesten die macht na aankomst in Nederland onmiddellijk inleveren. Vervolgens bleken die vaders (die ze amper kenden) in tegenstelling tot de succesverhalen geen enkel aanzien of respect te genieten in Nederland.

Sterker nog, door het bedrijfsleven waren ze afgedankt en als grof vuil bij de deur gezet. Tot overmaat van ramp werden ze, in de beste politiek correcte traditie van ons land, in al hun minderwaardigheid doodgeknuffeld door de culturele elite en zo definitief tot kasplantjes en *luftmenschen* gedegradeerd. Schattig gevonden worden door de witte man is dodelijk in een cultuur waar eer allesbepalend en een zaak van leven en dood is. Hoe konden de broertjes die hier werden geboren respect opbrengen voor een grijze vader, analfabeet, werkloos of arbeidsongeschikt, die met zijn wollen muts en in boernoes op zijn fiets – met fietstassen waarop het logo van een dagblad of een huis-aan-huisblad prijkte – doelloos heen en weer pendelde tussen huis, moskee en groenteboer annex halal-slagerij? De broertjes die hier opgroeien in onze traditie van directheid, assertiviteit en onbeschoftheid, eisen nu met terugwerkende kracht het respect op dat hun opgebrande en uitgeleefde vaders nooit kregen. Al hun handelingen dienen, bewust of onbewust, slecht één doel: ze eisen respect in een land waar dat begrip hooguit door zwarte voetballers wordt gebruikt, maar verder volledig is uitgehold. In deze bittere strijd is alles geoorloofd, behalve roken in het bijzijn van je vader. Liever een cactus dan een kasplant.

5

Het leven is als een wortel: één keer krijg je hem in je hand en tien keer in je reet

H., telg uit een vooraanstaand moslimgeslacht uit Jeruzalem, kon machtig mooi vloeken tussen een slok bier en een sigaret door. Over godslastering en misverstanden over moslims.

Mijn voormalige boezemvriend H. vloekte als een ketter. Zijn scheldkanonnades waren echter niet gericht aan de God van de Spaanse Inquisitie maar aan Allah, Zijn profeet Mohammed en de islam in het algemeen. H., telg uit een vooraanstaand moslimgeslacht uit Jeruzalem, kon respectvol en zonder enig cynisme spreken over het islamitisch onderricht dat hij in zijn jeugd had genoten en in een adem door zijn God verdoemen. Hij deed dat in een dermate eloquent Arabisch, dat ik er jaloers van werd. Attenoje, wat kon hij machtig mooi vloeken tussen een slok bier en een sigaret door. Zijn favoriete godslasteringen zal ik hier niet opschrijven, maar op de site www.insultmonger.com/swearing/arabic.htm vindt de liefhebber een fraaie bloemlezing van in het gehele Midden-Oosten en Noord-Afrika gangbare krachttermen, verwensingen, scheldwoorden en godslasteringen.

Het gortdroge Oost-Duitse leerboek voor de Arabische grammatica dat ik in de jaren tachtig gebruikte op de Universiteit van Amsterdam, had mij verrijkt met zinnen als: 'Kameraad, wij hebben genoten van de rondleiding door uw rietsuikerfabriek in Damascus' of 'Wij kijken halsreikend uit naar de publicatie van het nieuwe vijfjarenplan met betrekking tot de cultivatie van kekererwten'.

'Het is hier geen taleninstituut van Berlitz,' zo waarschuwde een stokoude professor ooit zijn eerstejaars, met als gevolg dat de gemiddelde student na zes jaar nog geen brood kon kopen in de Levant, laat staan krachtig kon vloeken tegen bijvoorbeeld een taxichauffeur. Dankzij H. en een langdurig verblijf in het Midden-Oosten raakte ik gelukkig ook vertrouwd met de levende Arabische taal. Ik moest aan H. denken – we verloren het contact toen hij voorgoed naar Venezuela vertrok om daar met succes een bedrijf op te zetten dat gespecialiseerd is in jungletours – toen de door minister Piet Hein Donner geïnitieerde discussie over blasfemie oplaaide. Moslims waren uiterst gevoelig voor het ijdel gebruik van Allahs naam, zo maakte ik op uit de diverse media.

Sommige artikelen en opiniestukken suggereerden zelfs dat godslastering niet bestond of in ieder geval nauwelijks voorkwam in de islamitische wereld. Als een van de circa een miljard moslims op deze aardkloot dan toch bij hoge uitzondering zijn Schepper vervloekte, kreeg hij of zij onmiddellijk een fatwa aan de broek. Ik ga er gevoeglijk van uit dat Mohammed B. en een aanzienlijk deel van de Marokkaanse gemeenschap in Nederland nooit vloekt. Het getuigt echter van een stuitende domheid om deze groep daarom gemakshalve maar als representatief te stellen voor de rest van hun geloofsbroeders en -zusters. Met dezelfde gemakzucht wordt in de media, vaak met behulp van zelfverklaarde islamdeskundigen, ook nog eens boud beweerd dat moslims geen humor en zelfspot hebben.

Doorredenerend op basis van deze *selffulfilling prophecy* wordt de cocktail van het gebrek aan humor en zelfspot en de extreme gevoeligheid voor blasfemie dodelijk, zie de moord op Theo van Gogh.

Talloze mensen hebben mij gevraagd of ik die moord voorzien had. Ik had immers Midden-Oostenstudies gedaan met het islamitisch fundamentalisme als specialisme. Ik specialiseerde me in de theorieën over het islamitisch fundamentalisme uit de vorige eeuw en de grondleggers Maulana Maudoodi uit India, Sayyid Qutb en Hasan al-Banna uit Egypte. Daarna volgde de praktijk: het FIS in Algerije, Hamas in de Palestijnse gebieden en de Hezbollah in Libanon, de verwezenlijking van de islamitische revolutie in Iran. De toonzetting van mijn reportages kreeg gestalte in Algerije, in 1991 (voor onder andere *Het Parool*). De inmiddels gepensioneerde Midden-Oostendeskundige van het *NRC Handelsblad* schreef vanuit zijn hotelkamer in Algiers dat er een tweede Iran aan het ontstaan was in de achtertuin van Europa. Ik zag echter een heel ander Algerije, een Algiers met een bruisend nachtleven en een swingende scene met raïzangers zoals Cheb Khaled en Cheb Mami.

Het is maar waar je op let. Het helse Midden-Oosten zoals dat in al die zware en dreigende werken werd afgeschilderd, herkende ik niet. Noem het naïviteit, maar de leiders en volgelingen van het FIS, Hamas en Hezbollah die ik ontmoette, waren altijd zeer gedisciplineerd en coöperatief, soms op het hoffelijke af. Ik schreef bewust tegen de stroom in, tegen al die paranoïde en paniekerige berichtgeving over het Midden-Oosten, waarbij zeker in de Nederlandse journalistiek vrijwel altijd vanuit een pro-Israëlisch standpunt werd geschreven over Arabieren. Ik legde de nadruk op onbekende en mijns inziens verrassende zaken, noem het gechargeerd: het feit dat je in vrijwel alle landen van het Midden-Oosten en Noord-Afrika non-stop uit kunt gaan, dat je overal alcohol en drugs kunt krijgen, dat de prostitu-

In Midar © GF

tie welig tiert, dat het gros van de moslims zich helemaal
suf vloekt.

Na de euforie van de Oslo-akkoorden verslechterde de
sfeer aanzienlijk: de moord op Rabin, de onophoudelijke
zelfmoordaanslagen in Israël, het door het Israëlische leger
aangerichte bloedbad in Kana in Zuid-Libanon waarbij
schuilende burgers in een VN-kamp aan flarden werden ge-
schoten, de bloedbaden in Algerije, de aanslagen op 11 september. Niet lang na het begin van de tweede intifada had ik
moe, murw en uitgeblust Jeruzalem verlaten. Sindsdien
probeerde ik het Midden-Oosten en al zijn vreemde kost-
gangers uit mijn hoofd te zetten. Ik keerde nog terug, een
dag na de aanslagen op 11 september 2001 vloog ik naar
Egypte en vervolgens naar Israël, en later dat jaar naar Afghanistan tijdens de val van de Taliban. Maar het Midden-
Oosten reisde met me mee naar Nederland.

In het begin van de jaren negentig schreef ik talloze artikelen over de Marokkaanse gemeenschap in Amsterdam, en hoe goed het daarmee ging. Jaja, met de tweede generatie zou het wel goed komen. Vol bewondering schreef ik over het eerste project van de Marokkaanse buurtvaders, die op een originele wijze de recalcitrante jeugd in Amsterdam in bedwang wisten te houden. Tijdens de beruchte rellen op het August Allebéplein (die ik nooit verwacht had) in Amsterdam-West verbleef ik in het Midden-Oosten. Nu loop ik dagelijks langs het vuurrode politiebureau dat verrees op de plek van de bioscoop die centraal stond tijdens die rellen. Ik woon in Amsterdam-West, aan de rand van de wijk waarin Mohammed B. opgroeide. Ik ben ervan overtuigd, op basis van op internet verspreide foto's, dat ik hem regelmatig jonge Marokkanen heb zien ronselen voor de goede zaak, vaak in de omgeving van het Allebéplein. Je hebt er geen specialisatie in islamitisch fundamentalisme en een langdurig verblijf als correspondent in het Midden-Oosten voor nodig om deze extremisten te herkennen. Hun bizarre dresscode heeft een interessante ontwikkeling achter de rug. In het Algerije aan het einde van de jaren tachtig zag ik voor het eerst deze opvallende kledinglijn. Het FIS, het Islamitische Heilsfront, was nog niet verboden en leiders als Abassi Madani en Ali Belhaj en hun volgelingen waren bijzonder gemakkelijk te interviewen. De harde, militante kern van het FIS werd gevormd door Afghanistan-veteranen, herkenbaar aan de in die regio gedragen pofbroek met hoogwaterpijpen. Tevens scheerden ze hun hele lichaam kaal en maakten ze met houtskool hun oogleden zwart.

Ze zagen er kortom bespottelijk uit, als vogelverschrikkers, te meer omdat ze steevast een colbert droegen, de merkwaardige erfenis van de Franse kolonisator. Zover ik weet werd het colbert niet gedragen in de tijd van de Profeet. Heel erg veel van dergelijk geklede mannetjes lopen er niet rond in Amsterdam-West, maar als ik er een zag, kwam het niet in me op om de AIVD te bellen. Nog steeds niet trouwens, dat soort praktijken kennen we maar al te goed uit de Tweede Wereldoorlog. Maar toch: op de dag van de moord op Theo van Gogh liep ik door Amsterdam-West, en voor het eerst voelde ik hoe ik argwanend naar verdachte baarden en pofbroeken keek. Zes jaar studie en bijna vijftien jaar Midden-Oostenervaring *down the drain*, dacht ik. Alle goede bedoelingen waren voor niets geweest, kennelijk had ik er altijd naast gezeten. In de dagen erna merkte ik hoe vatbaar ik was voor de collectieve psychose en massahysterie, die vooral door de Nederlandse televisie worden veroorzaakt. Natuurlijk is er iets walgelijks gebeurd, maar ik weiger als een angsthaas over straat te gaan. Met al mijn ervaringen met Arabieren, Noord-Afrikanen en moslims in het algemeen, vertrouw ik erop – wellicht tegen beter weten in – dat er een louteringsproces zal plaatsvinden in de islamitische gemeenschap in Nederland. Moslims hebben namelijk wel zelfspot en humor, alleen is het wel handig als je bijvoorbeeld Arabisch (of Amazight, Berbers) verstaat. In Zuid-Libanon interviewde ik eens een leider van de Hezbollah nadat hun kamp door de Israëlische luchtmacht finaal naar de filistijnen was gebombardeerd. Op de rokende puinhopen zei hij met een glimlach: '*Al dunya jezzer*,' het leven is als een wortel: één keer krijg je hem in de hand en tien keer in je reet.

6

Je lokt het wel uit, hè, in die jurk!

Dat zei comedian Najib Amhali over de 'homohatende' imam El Moumni. Amhali over vooroordelen, over Theo, zijn humor, zijn traditionele bruiloft, preutsheid en zijn moeder.

Hij is niet de enige comedian van allochtone afkomst. Hij is wel de beste. Najib Amhali (35) heeft sterrenstatus. Zijn derde theatershow, *Freefight*, onlangs uitgezonden op tv, trok anderhalf miljoen kijkers. Zijn vierde theatershow, *Most Wanted*, waarmee hij vorig jaar door het land trok, was overal uitverkocht. Een goede grappenmaker, die geraffineerd en erg geestig zijn Marokkaanse achtergrond op het toneel uitbuit. Over imam de 'homohatende' El Moumni: 'Je lokt het wel uit, hè, in die jurk!'

Hij acteerde ook, onder meer in *Shouf Shouf Habibi!* (Kijk, liefje) en in Theo van Goghs tv-serie *Najib en Julia*. Een voorbeeld voor de jeugd, zoals dat heet. Bijvoorbeeld voor de twee beginnende Marokkaanse comedians Anuar Aoulad Abdelkrim en Soundos El Ahmadi.

In de show *Freefight* vertelt hij hoe hij kort na 'nine eleven' in de kroeg een spa rood bestelt. Zegt de barkeeper: 'Natuurlijk, jij moet nog vliegen.'

De lach rolt door de zaal. Amhali komt in *Freefight* na die vlieggrap op 'nine eleven' niet meer terug. 'Polarisatie is

Najib Amhali © PJG Design

vruchtbaar voor op het toneel, maar op een gegeven moment werd het te veel. Soms is er zoveel ellende dat ik er op het podium niets mee kon. Dus dan had ik het over andere dingen. Het heeft even geduurd voordat ik kon denken: ik hoef niet te kiezen, ik moet in de eerste plaats grappen maken. Je moet er juist mee spelen.' Zo stapte hij zowel de avond van de moord op Fortuyn als de avond van de moord op Van Gogh wel het podium op, terwijl menig collega juist tot het tegengestelde besloot. 'Juist dan moet je het wél doen. Makkelijk was het niet. Grappen heb ik ook niet gemaakt, want ik was zelf heel emotioneel, ik heb de voorstelling aan Theo opgedragen, het publiek had dat nodig, maar ik ook. Afblazen betekent toch bakzeil halen en dat wil ik niet.'

Na de aanslagen in de Verenigde Staten had hij, opgegroeid in Krommenie, opeens dat bewustzijn: ik ben een Marokkaan. Zoals zoveel Marokkanen in Nederland. 'Dat komt niet zomaar, opeens wordt er van alle kanten aan je gevraagd: "Hoe zit dit?" En: "Denken ze echt dat ze door 77 maagden worden ontvangen in de hemel?" Weet ik dat! Ik was net zo verbijsterd als ieder ander. Als er nu iets vreselijks gebeurt, hoop je maar dat er geen moslim bij betrokken is. Dat is raar, alsof iets niet erg is als het door een Nederlander wordt gedaan. We hebben het vaak over een "wij-gevoel" – en dat heb ik als ik met Amsterdammers in het buitenland ben, maar ik heb het ook met Berbers. Sinds die september-aanslagen zijn moslims de nieuwe vijand, na de Russen, en "ze zien er zus en zo uit". Heel gevaarlijk vind ik dat, ik maak mij daar zorgen over. Je zag hoe in de VS in rap tempo verdachten werden opgepakt met Arabische namen, hoe islamitische Indonesiërs op schepen opeens geen visum meer kregen en dus massaal werden ontslagen. Dat schept toch het beeld dat een grote groep van de wereldbevolking als geheel wordt gestraft voor wat 21 kapers hebben gedaan. Het is een beetje zoals het met de Molukkers ging na de treinkapingen. Mijn Molukse vrienden in Krommenie konden nergens binnenstappen of er werd gezegd: "Daar heb je weer een kaper." Nogal beangstigend. Wilders doet nu precies hetzelfde. Dan hebben ze het over "de islamieten", maar ik snap niet wat ze bedoelen. Neem de hoofddoekjes-discussie. Het dragen van een hoofddoekje is nu iets van: "Ik word aangevallen en ik maak een statement." Die hoofddoekjes waren er voorheen toch nauwelijks? Als ik oude foto's van ons gezin bekijk, zie ik mijn moeder in gewone kleren, mijn vader in een kek pak, daar komt geen hoofddoek op voor. Ik zie die meiden hier rondlopen, soms met strakke kleding, hoge hakken, lekker kontje en daarbij een hoofddoek. Maak mij niet wijs dat dat iets religieus is. Dat is een statement van: dwars. Vroeger had het met fatsoen te maken, vrouwen mochten geen lustgevoelens opwekken. Nu is het toch zo dat we algemeen vinden dat een man zich behoort in te houden. Ik schrik zelf ook als ik een vrouw in een boerka zien. Je denk toch gelijk: zit er geen vent met een geweer onder?'

'De eerste grap over de aanslagen heb ik, denk ik, in café Toomler gemaak. De andere comedians maakten harde grappen, zowel over de terroristen als over Bush. Eerst wist ik zelf helemaal niet wat ik moest vinden. Ik bedoel, je kunt begrip hebben, of je kunt het begrijpen. Dat zijn twee dingen. Begrip hebben is toch dat je het goed vindt, en dat vind ik niet. Maar begrijpen, in de zin van snappen waarom, kan ik het wel. Ik heb in *Fahrenheit 9/11* van Michael Moore nieuwe feiten gezien, het is natuurlijk geen objectieve film, maar ik keek wel op van die financiële connecties tussen de VS en de Saoedi's. Bin Laden vond dat de Saoedi's met al dat geld ook wel iets anders kunnen doen dan nog meer geld verdienen. En dan heb je het feit dat Bin Laden ooit door de Amerikanen zelf is getraind om tegen de Russen te vechten, waardoor hij ze nu te slim af is. Over al die dingen denk je natuurlijk wel na. Nou heb ik geen hekel aan de VS, maar ik zie wel dat de regering Bush ook heel eenzijdige beelden schetst, idem dito inzake het vraagstuk Israël en de Palestijnen, en er is een grote joodse invloed in de VS. Ik ben voor vrede, hoe dan ook, ik bedoel alleen maar dat iedereen zijn standpunt vormt op basis van de informatie die hij krijgt, ook allochtonen die alleen naar Arabische zenders kijken. Dus ik snap ook wel dat wel eens wordt gezegd dat al die schotelantennes gesloopt moeten worden. Want als je alleen naar Marokkaanse zenders kijkt, zie je vaste prik ook een heel ander beeld.'

Hij tobt er wel eens mee, zegt: 'Het is niet zo dat plaatsnemen op het toneel je tot een standpunt dwingt. Soms wijk je af van wat je eerder vond, je kunt je mening toch veranderen? Je moet zaken onderzoeken, erover nadenken, praten. Ik was bijvoorbeeld altijd een grote fan van vliegspelletjes, zo'n simulator op de computer. Ik ben zo vaak tegen een gebouw gevlogen, maar dat er ook mensen waren die daar serieus mee bezig zijn geweest, dat heb ik mij nooit gerealiseerd. Hetzelfde was dat met Theo. Ik was het niet met hem eens, maar ik vond hem wel een apart figuur. Altijd tegen, altijd ruzie, maar dat kan hier allemaal. Over joden, christenen en moslims, alles zeggen zonder dat mensen gek werden, ook al dachten ze er anders over. Maar dat er dan iemand komt die hem om die redenen uit de weg ruimt, alsof hij een licentie had gekregen om te moorden, daar schrik ik erg van. We hadden net de aanslagen in Madrid gehad, zeg, dus ik dacht: hebben ze wat in het eten van die Marokkanen gedaan?

Natuurlijk, je kunt zaken terugvoeren op armoede, op imams die de massa opjutten. En op analfabetisme. Ik heb het in Nador meegemaakt, iets heel anders, maar daar was een uitvoering van de illusionist Hans Klok. Na afloop van die voorstelling heb ik wel vijf mensen gesproken die zeiden: "Die man speelt met de duivel!" En dan zei ik: "Het is gewoon een truc hoor", maar dan zeiden zij: "Je ziet het niet, de duivel sluit jouw ogen hiervoor", en dan kun je uitleggen hoe zo'n truc werkt, maar ze waren er heilig van overtuigd dat er geesten aan te pas kwamen, en satan zelf. Ik bedoel maar, met zulke mensen die zo gemakkelijk te beïnvloeden zijn, zo makkelijk geloven, heb je ook te maken.'

In 2003 maakte Amhali zijn debuut als filmacteur, in de speelfilm *Shouf Shouf Habibi!*, van Albert ter Heerd. Die schreef het script samen met de Marokkaanse acteur Mimoun Oaïssa. Het was de eerste Nederlandse speelfilm waarin allochtonen, met name Marokkanen, op de hak worden genomen. Cultuurverschillen en Nederlandse vooroordelen worden met smaak neergezet. Een groot succes wat betreft bezoekersaantallen en ook wat betreft de verkoop aan het buitenland. Op het filmfestival in Berlijn scoorde de film ook goed. Hij werd aangeprezen als een 'oer-Hollandse komedie'. Heel wat autochtone bezoekers zagen hoe hun vooroordelen jegens Marokkanen met goede grappen werden bevestigd. Dik aangezet waren in de film prototypes van Marokkanen – en Nederlanders met bekrompen reacties – te herkennen, al die jongens die op straat narigheid uithalen, de traditionele Marokkaanse moeders met hun grote hoofddoeken, die mopperende gefrustreerde vaders met mutsjes op en djellaba's aan, die prachtige meiden die schipperen met tradities van thuis en het westerse leven buiten, grote bekken van autochtonen. Het effect van de film op de bezoekers kun je rustig bevrijdend noemen. Eindelijk mocht er ook eens gelachen worden.

Met Marokkaanse humor heeft die film helemaal niets te maken, zegt regisseur Ter Heerd. Hij meent dat het thema van de film – de botsing tussen traditionele cultuur en het Westen – juist universeel is. Omdat het voor iedereen herkenbaar is. Toch was het aantal Marokkaanse bezoekers beperkt. Acteur Mimoun Ouled Radi wijt dat onder meer aan scènes als die waarin een weggelopen meisje met geweld door haar broers wordt teruggehaald. Bovendien denkt hij dat er ook nog Marokkanen waren die dachten dat de film was geregisseerd door Theo van Gogh, die ook in die tijd onder een deel van de Marokkanen al zijn reputatie had gevestigd met zijn 'geitenneukers'. Het is een vergissing, zegt Amhali, om te denken dat de Marokkanen wegbleven omdat ze geen humor hebben. Amhali (hij speelt in de film een politieman met een ontsporend broertje): 'Marokkanen geen humor? Juist wel. Er is een geweldige zelfspot, er zijn grappen van Berbers over Arabieren, van Arabieren over soesi's en soesi's over donkere Marokkanen, precies zoals wij grappen maken over Belgen en Friezen en Limburgers en Rotterdammers en Amsterdammers.

In *Shouf Shouf* zitten echte Marokkaanse grappen. Die scène op het kerkhof van het geboortedorp waar de vader wordt begraven. Dan staan de dorpsgenoten over ons te roddelen: "Kijk, kijk die buitenlanders eens", want daar zijn we buitenlanders natuurlijk. En die grap, als ze die overval gaan doen en de maskers uitdelen, dat die ene gozer geen varkensmasker op wil. Ik heb wel commentaar gehad op het meespelen in *Najib en Julia*, van Theo. Ja, en dat was ook een mooie serie. Zeiden andere Marokkanen, met Van Gogh, dat doe je toch niet? Maar ik stoorde mij niet zo aan dat 'geitenneukers'. Ik kende wel drie verschillende Theo's. Ik snap wel dat mensen van die uitdrukking een afkeer hadden en het had mij niet verbaasd als hij een keer klappen had gehad, maar dit, moord, nee, dat helemaal niet.'

Toch is het niet allemaal even vrijmoedig: 'Ik denk wel dat grappenmakerij bij Marokkanen beperkingen heeft in de taboes die heersen in de Marokkaanse cultuur. Iets zeggen zoals "de koningin in haar kont neuken" kan echt niet. Seksuele toespelingen ook niet. "Zal ik jou eens lekker in je bek schijten": absoluut niet. Ik heb gemerkt dat Antillianen en Surinamers trouwens ook erg preuts zijn. Ik was eens op de Nederlandse ambassade in Suriname, waar de film Antonia werd vertoond. Zoveel mensen waren gegeneerd over seksscènes, dat verbaasde mij behoorlijk. Het is dus niet overal vanzelfsprekend. Ik doe ook niet veel met seks, er is door comedians al zoveel gedaan over seks, dan moet je er wel overheen gaan, en dan wordt het al gauw heel plat. Dat is geen bewuste keus uit gêne of zo, want alle Marokkanen neuken, dus dat is het punt niet. Maar schelden en grof zijn is geen voorwaarde voor goede grappen. Ik hoor wel opmerkelijk vaak van Nederlandse bezoekers: "Wat goed, dat u niet vloekt." Terwijl ik wel vind: hoe harder, hoe leuker. En een goede grap is een goede grap, dus over braafheid zul je mij niet horen. En hier kan bijna alles. Ik vind dat Marokkanen ook moeten leren incasseren. Gelijk behandelen. Harde grappen over Nederlanders, net zo hard over Marokkanen. Ik heb het wel weer over vrouwenrechten en trouwen in Nederland. Ik heb uitgelegd dat ik hier was getrouwd op z'n Nederlands en traditioneel Marokkaans. Dat wilden de moeders graag. Ja, mijn bruid had wel zeven jurken. Ik wist daarvoor van al die dingen nooit wat ze betekenden. Mijn vrouw is een Marokkaanse, hier opgegroeid. Ik heb altijd gezegd: ik val niet op Marokkaanse vrouwen, maar zij is helemaal niet typisch Marokkaans. Ik begreep eigenlijk pas dat ze Marokkaans was toen ik haar naam hoorde. We hebben de bruiloft deels traditioneel gedaan, maar wel aangepast. Geen goud als bruidsschat, want ze draagt helemaal geen goud, en ook niet dat traditionele van mannen en vrouwen apart. Ik zei tegen mijn moeder: "Als het iemand niet bevalt, komt die maar niet." En daar was ze het helemaal mee eens. Dus ik steun de vrouwenbeweging, ook Ayaan als ze het over vrouwenrechten heeft. Ik vind het alleen stom dat zij het zó aanpakt dat geen enkele allochtone vrouw iets van haar wil weten.'

Waarmee de taboes niet zomaar zijn opgelost. 'In *Shouf Shouf* zit een zoenscène. Hoorde ik van Marokkaanse acteurs: "Dat zou ik nooit doen!" Is nog steeds taboe, terwijl ik daar toch sta te zoenen als acteur, en niet als Najib. Dat onderscheid moet je als acteur kunnen maken. Maar dan is het idee: dan zien mijn ouders mij zoenen. Ja echt! Volwassen mannen. Is echt taboe. Dus zou ik wel eens zin hebben om een homo te spelen, met een man zoenen, dat zou voor mij nou een overwinning zijn.'

Als vanzelf komt de moeder in beeld. Weer een Marokkaanse moeder die bepalend is geweest voor een liberale opvoeding.

'Ik was met mijn moeder erg verbonden. Ik heb haar hier wegwijs gemaakt, ik heb haar leren fietsen, mijn vader bemoeide zich nergens mee, ze moest alles alleen opknappen, tot en met behangen aan toe, maar toch kon ik niet over alles praten. Ik kan mij wel herinneren dat we vroeger met mijn moeder meegingen naar het badhuis. Jongetjes mogen mee tot ze schaamhaar krijgen, geloof ik. Ik weet wel dat mijn moeder mijn broertje en mij drie keer in de week onder de douche zette en echt schoonschrobde. Tot een bepaalde periode: "Nu ben je oud genoeg om zelf te douchen." Ik geloof niet dat mijn moeder mij sindsdien naakt heeft gezien.'

Maar over zijn 'eerste keer', op z'n zestiende, hoorde zijn moeder niets. Zijn Nederlandse vriendinnetje, met wie hij elf jaar samen zou blijven, was vijftien. 'Natuurlijk vertelde ik dat thuis niet, zij ook niet. Het was ons geheim. Ik mocht ook niet bij haar slapen. Haar vader zei altijd: "Ik heb vier dochters, we maken er hier geen hoerenkast van." Dan deden we het stiekem, want van haar moeder mocht het wel. Als wij uitgingen dronken we natuurlijk wel wat, maar mijn moeder had daar een enorme hekel aan. Mijn vader zei altijd: "Eén uur thuis en anders gaat de deur op slot." Altijd te laat, dan belde je zachtjes en dan deed mijn moeder, die nooit sliep, de deur open. En als ik dan gedronken had, hield ik mijn adem in. "Heb je het leuk gehad?" vroeg zij dan, en dan knikte ik hard met mijn mond stijf dicht: "Hhmmm."'

En nu is Amhali zelf dus getrouwd en gaat misschien ook nog eens vader worden. Dan wil hij van taboes niet weten. 'Kinderen missen nu het recht om fouten te maken. Dus als je je ouders niet eens kunt vertellen dat je verliefd bent, of erger, als het uit is, dat is niet leuk. Ik ga dat echt anders doen. Ze moeten zich vrij voelen om over alles met me te praten.'

7

Dat mijn vriendje moest afwassen, vond ik erg grappig

Rechtenstudent Khalid Kasem is de ideale schoonzoon, zou je kunnen zeggen. Hij voelde zich altijd net zo Nederlands als andere Nederlanders. Maar dat is veranderd.

De Jiddische 'mama's' zijn spreekwoordelijk altijd maar bezig met en bezorgd over de kinderen. In Marokkaanse gezinnen heeft de moeder net zo'n centrale rol. Trouwens, Marokkanen kunnen helemaal familieziek zijn. Twee keer per maand met de hele familie, twintig, dertig man eten is vrij normaal. Vraag Marokkanen wat er nog leuk is aan Marokkaans zijn, en ze noemen allemaal die hechte familieband. 'Die feestdagen met de hele familie, de warmte van de ramadan, 's nachts opstaan om halfvijf en dan samen eten. Dan heb je de meest prachtige gesprekken,' zegt Khalid Kasem (26), geboren in Nieuwegein, student rechten aan de UvA (strafrecht) en medeorganisator van de manifestatie 'Ben je bang voor mij'. 'Daar denk ik nog wel eens met weemoed aan terug, dat is iets wat ik later mijn kinderen zeker wil meegeven, die gezelligheid.'

Zij waren in Nieuwegein het eerste Marokkaanse gezin. Zijn vader, in Marokko douanier, kwam naar Nederland om te werken in de zeepfabriek. 'Ik herinner mij mijn jeugd als heerlijk. We woonden in de flats, nu is het daar een achterstandswijk, toen niet, een galerijflat waar bij iedereen altijd de deuren openstonden. Mijn moeder en de buurvrouw communiceerden aanvankelijk met handen en voeten. In het begin is mijn moeder diep ongelukkig geweest, maar met die buurvrouw was ze erg blij. We werden daar opgenomen in de buurt. Wij waren hoogstens een beetje exotisch, met andere kleren, ander eten, andere feestdagen, maar we vierden wel kerst met de buurvrouw. Het was een fantastische tijd. Als ik oude buren spreek, zijn die contacten heel warm. Dat is een schril contrast met nu. Maar met de tolerantie die ik toen heb geproefd, sta ik nu in het leven. Die tolerantie is nu minder.'

Hij en zijn vier broers en twee zussen zijn tweetalig opgevoed: 'Maar het klassieke Arabisch, dat wordt gesproken op tv en in de moskeeën, is onbegrijpelijk voor ons. Het Marokkaans is anders, dus Arabisch op tv is voor ons jongeren helemaal niet te volgen. Kijk, iedereen die in Marokko op school is geweest, heeft klassiek Arabisch geleerd. Ik heb in Nederland wel anderhalf uur per week Arabische les op school gehad, maar dat is onvoldoende. Marokkaans leerde je thuis spreken. Dat was thuis de voertaal omdat mijn ouders beperkt Nederlands spraken.'

Zoals ongeveer alle gezinnen van gastarbeiders ging ook het gezin Kasem jaarlijks op vakantie naar Marokko: 'Die reis, met het bekende busje met gordijntjes, vol troep verzameld op Koninginnedag, met alles wat bruikbaar was, van stofzuigers en wasmachines tot fietsen, dat werd er allemaal ingepropt, en het was ongelooflijk gezellig.' Die vakanties van vroeger vervullen hem met nostalgie. 'Die ervaring blijft mij altijd bij, zo anders dan wanneer je nu gaat, met het vliegtuig. Die lange reis, helemaal door België, door Frankrijk, door Spanje, en dan de aankomst daar. Dat was altijd zo hartelijk, dan werd je gezoend en geknuffeld, door mensen die je nauwelijks kende, grootouders, tantes, neven en nichtjes. En het was altijd twee weken leuk, en dan miste je Nederland weer, het voetballen op het groene gras, een patatje speciaal. Maar die vakanties duurden en duurden maar, ze waren ongelooflijk lang, de volle zes of zeven weken bleven we daar, want mijn ouders vonden het natuurlijk heerlijk.'

Zijn moeder overleed in 1987. Zijn vader is zes jaar geleden geremigreerd. Zijn vader, vertelt hij, kijkt op Nederland terug als een fijn land. 'Hij heeft het hier erg goed gehad, goede sociale voorzieningen gekend, de tijd van Den Uyl, het sociale gezicht van Nederland dat toen werd uitgedragen. Maar hij heeft altijd wel het gevoel gehad: ik ga op een gegeven moment terug. Dat is pas gebeurd nadat mijn moeder was overleden. Want juist de moeders houden remigratie vaak tegen: als de kinderen en de kleinkinderen hier wonen, willen ze blijven, dat willen ze niet missen.'

De moeders hebben in het Marokkaanse gezin een centrale rol en het gezag. 'Moeder is grotendeels met de kinderen bezig. Die zorgt en voedt op, die zorgt ervoor dat alles klaar staat. Moeders doen dat zo omdat ze dat zo gewend zijn, ze vinden het niet verkeerd, want dat is van oudsher de opvoeding: de dochter gaat later uit het gezin, naar het gezin van de man, dus dan moet ze weten hoe ze moet huishouden. Zo is de moeder dus ook verantwoordelijk voor de ongelijkheid tussen mannen en vrouwen. Jongens hoeven niet te helpen in het huishouden, en dat geeft die jongens een bepaalde machtspositie. Niet dat ze hun zussen – normaal gesproken – kunnen commanderen, want als die jongens misbruik maken van hun positie gaan die meiden wel bezwaar maken. Tegen die verschillende posities van zonen en dochters binnen dat gezin was geen verzet. Iedereen vond het gewoon. Je ging pas raar kijken als je bij Nederlandse vrienden zat, en die moesten helpen met afruimen. Daar hing een lijst aan de koelkastdeur met afwasbeurten. Dat mijn vriendje moest afwassen, vond ik erg grappig.'

Marokkaanse vaders, zegt hij, spreken überhaupt niet zoveel en hun rol in de opvoeding is niet een dagelijkse. 'Vader geeft een keer in de week een preek, dat je goed je best moet doen. Meer niet. Maar dat moet je in perspectief zien.'

Marokkaanse gastarbeiders kwamen van oudsher uit de onderste laag van de samenleving, en veelal van het platteland in noordelijk Marokko, het Rifgebergte. Khalid: 'Die hadden het niet goed en zochten een beter leven. In Nederland echter merkten zij dat ze weliswaar meer geld verdienden, maar dat ze opnieuw in de laagste sociale klasse zaten. Heel wat van die vaders waren gefrustreerd geraakt. Die merkten dat ze geen grip meer hadden op de zaken, noch op hun kinderen. Ze werden depressief, moeilijk benaderbaar voor de kinderen.' Ook de vader van Khalid: 'Dus als we al met vader spraken, ging het over school, of over het geloof, maar zeker geen goed gesprek over seks, of seksuele voorlichting. Je moest gewoon je best doen op school, meer niet. Over politiek werd helemaal niet gesproken, daar moest je je afzijdig van houden, dat was gevaarlijk.'

Khalid vertelt dat zijn vader, uitzonderlijk, opbelde in de week na de moord op Theo van Gogh. 'Hij sprak mij nooit aan op situaties in Nederland, maar nu had hij op tv gezien dat Van Gogh was vermoord, dat er brand was gesticht in moskeeën en scholen. Hij zei: "Hoe gaat het? Wat is er aan de hand?" En na mijn uitleg zei hij: "Zorg ervoor dat je je nergens mee bemoeit, ga naar school en dan meteen naar huis." En hij zei ook: "Vergeet nooit dat wij gasten zijn en dat we geen problemen moeten veroorzaken." Maar ik voel mij helemaal geen gast!'

Volgens Khalid is, vergeleken met zijn jeugd, in veel Marokkaanse gezinnen wel het een en ander aan het verande-

Khalid Kasem © JDvdB

ren: 'Heel veel meiden studeren nu goed, want een baan is een goede route om een traditioneel huwelijk uit de weg te gaan.' Hij denkt dat in doorsnee gezinnen niet meer wordt opgevoed met het idee dat trouwen met een maagd het summum is. 'Het maagdenvlies is niet belangrijk, ze weten tegenwoordig allemaal wel dat een vrouw soms bloedt en soms niet. Wat dan overblijft zijn de verhalen, de roddels. Het gaat dus om het idee, het gevoel en dus de praatjes.'

Hij ziet, zegt hij, de veranderingen om hem heen: 'Voorheen was het ondenkbaar dat meisjes experimenteerden. Marokkaanse jongens rotzooiden met Nederlandse meiden en trouwden met een kuis meisje. Nu zie je veel Marokkaanse jongens ook ervaring opdoen met Marokkaanse meisjes, de seksuele moraal van die meiden gaat ook met de tijd mee, wat vijf of acht jaar geleden ondenkbaar was, gebeurt nu wel. Het grote verschil met Nederlanders is nog wel dat het niet in de openbaarheid gebeurt. Voorheen zocht je je relaties in je nabije omgeving, en dan krijg je verhalen. Maar de vlucht van het internet en de OV-jaarkaart bieden de oplossing. Nu wordt via het internet afgesproken in Groningen of Maastricht. Anoniem, zo komt niemand erachter, heb je minder risico op roddels.

Natuurlijk weten ouders wel dat dat meisje wel eens een vriendje heeft, maar gewone vriendjes komen niet thuis, je neemt iemand pas mee als het echt serieus is.' Dus moet dat meisje wel liegen? 'Nee, het is meer "niet de volle waarheid zeggen". Er zijn dingen die je niet met je ouders bespreekt. Ik kan mij niet voorstellen dat je je eerste seksuele ervaring thuis bespreekt. Dat is een automatisme: twee gezichten, twee maskers, want twee werelden waarin je verschillend moet reageren. Dat geldt ook voor jongens.' Hij heeft er nog steeds de schurft aan: 'Dat je door die strakke sociale controle wordt gedwongen om je op een bepaalde manier te presenteren naar de buitenwereld, dat je iemand anders moet zijn. Die toneelstukjes, zo vermoeiend allemaal, dat moet maar eens afgelopen zijn. Het zijn allemaal ongelooflijk goede acteurs.'

Hij vertelt over zijn eerste Nederlandse vriendin en kan nu lachen om zijn toenmalige verbazing over de openheid in dat Nederlandse gezin. Ze liepen hand in hand, ze zoenden en zij nam hem gewoon mee naar huis. 'Maar het kwam niet in mij op om haar mee te nemen naar mijn ouders.' Hij ging met haar uit, en haar vader ging wel stappen met vrienden, en die haalde hen dan weer op. 'En na een paar maanden gaf hij ons, vriendelijk en via een grapje, condooms! Ik had mij nog nooit zo ongemakkelijk gevoeld. Ik dacht: wat gebeurt hier? Ik had het er met mijn vriendin wel eens over gehad of we 'het' zouden doen, maar meer niet. Hield die vader een soort van preek. Dat boven op zolder nu een groot bed stond, dat ik mocht blijven slapen en dat er condooms in het nachtkastje lagen. Ik was wel heel erg verbaasd.'

Die hedendaagse openheid van Hollandse meisjes en jongens is voor allochtone meisjes nog steeds iets bijzonders, denkt hij, maar hij denkt ook dat het hen beïnvloedt, dat ze er hun voordeel mee doen juist omdat over seksualiteit en verliefdheden bij hen thuis niet wordt gesproken. 'Dus die meiden praten op het schoolplein of in de schoolkantine misschien niet mee, maar ze luisteren wel heel goed en ze kijken hun ogen uit. Tussen de vorige generatie en die van nu zit al een wereld van verschil, dus maak je geen zorgen.' Wat zoekt hij zelf voor vrouw? 'Vijf jaar geleden zou ik hebben gezegd: het maakt mij geen bal uit. Toen voelde ik mij niet anders dan andere Nederlanders, toen was ik nog niet religieus. Maar dat is afgelopen jaren, met alle commotie rond de islam, veranderd. Ik heb mij verdiept in het geloof, ben gaan lezen en ik ben gestuit op elementen die mij erg aanspreken. Ik ben mij meer bewust nu van wie ik ben, meer religieus geworden, sindsdien heb ik graag een partner die dat gevoel wil delen. Ze hoeft geen moslim te zijn, hoeft zich dus voor mij niet te bekeren, maar ze moet het wel snappen. Geen dwang, zo sta ik niet in het leven. Iedereen moet zelf kiezen.'

Dus later ook zo zijn kinderen: 'Ik hoop mijn eigen kinderen de ruimte te geven om eerlijk te zijn, om zaken bespreekbaar te maken, zodat ze kunnen zijn wie ze zijn, en zich niet beter hoeven voordoen: zodat ze de ruimte hebben.'

8

We blijven ouderwets

Hij is als 90 procent van al die jongens: ze neuken zich suf,
wel met Nederlandse meiden, maar willen trouwen met een
(Marokkaanse) maagd. 'Een vrouw maakt je rustig, je
wordt serieus.' Aan het woord is acteur Mimoun 'Shouf
Shouf' Ouled Radi.

Mimoun Ouled Radi (26) is een snelle jongen. Met zijn ron-
de gezicht dat altijd op lachen staat, sociaal vaardig tot in
zijn tenen, altijd babbels, kun je hem rustig laten gaan. Hij
heeft zijn hbo-diploma commerciële economie op zak, hij
speelde in de speelfilm *Shouf Shouf Habibi!*, weinig staat zijn
geluk in de weg. Behalve een baan, hij zegt het meteen, want
die heeft hij nog niet.

Hij is niet de enige Marokkaan met een goed diploma die
alleen al vanwege zijn naam ondervindt dat de wereld om
hem heen niet zo makkelijk meer is.

Die tweede *Shouf Shouf* gaat er komen. Mimoun weet het
zeker. Maar eerst gaan ze een serieuze film maken. Er zijn
heel veel Nederlanders die, zelfs als ze naast Marokkanen
wonen, nooit contact met ze hebben. Die kennen Marokkanen alleen van de draaideurcriminelen en van Mohammed
B. En dat bepaalt hun idee over Marokkanen en daar wil
Mimoun, samen met de andere *Shouf Shouf*-acteurs en regisseur Albert ter Heerd wat aan doen.

Mimoun Ouled Radi is naar eigen zeggen niet zoals anderen uitgescholden of negatief bejegend sinds de moord op Theo van Gogh. Mocht het toch gebeuren: 'Ik scheld gewoon terug. Ik ben natuurlijk niet verantwoordelijk voor wat Mohammed B. heeft gedaan. Jullie zijn toch ook niet met z'n allen verantwoordelijk voor wat Volkert van der G. heeft gedaan? Ik haat racisme. Op straat zijn het de sukkels die roepen dat de moord op Theo zijn eigen schuld was.'

Hij proeft de sfeer, ziet 'dat iedereen zich terugtrekt, dat niemand meer wil praten'. Hij wel: 'Ik ben voor negentig procent een Nederlander, een moslim-Nederlander. Ik voel en ik denk Nederlands en die tien procent, dat is uiterlijk. De grootste charme van mijn Marokkaanse roots is mijn eerlijkheid.'

Mimoun is gek op zijn familie. 'Mijn moeder deed bij ons de opvoeding. De hele familie studeert, gelukkig. Mijn beide ouders zijn analfabeet, ze hebben geen idee wat we leren, maar ze vinden het geweldig. Ze zeiden altijd: "Als wij het

Mimoum Ouled Radi © JDvdB

opnieuw konden doen, zouden we ook gaan leren." Zij komen uit dorpen waar het water nog uit de put komt en waar alleen de jongste kinderen doorleren.'

Mimoun is tweede generatie. Zijn vader ging, zoals al die mannen, als pionier naar Nederland. Een baan zoeken, een huis, en dan de familie over laten komen. Hij heeft 25 jaar gewerkt bij, toen nog, Hoogovens in IJmuiden. Zevenenzestig is hij nu.

Zijn zoon is zo Amsterdams als wat. Zijn vrienden, zegt hij, heeft hij in alle etnische groepen: Nederlanders, Surinamers, Nigerianen, Antillianen en Turken.

Mimoun, dat spreekt voor hem vanzelf, is trots op zijn afkomst en weet precies wat hij mooi vindt aan het Arabische leven. Dat zijn de keuken, het kleurrijke, en de hechte familiebanden, met ouders, broers en zussen. Hij kan zich bijvoorbeeld echt niet voorstellen dat zij, de kinderen, hun ouders in een bejaardenhuis zouden stoppen. 'Dan komen ze maar bij mij wonen. Het heeft te maken met voor elkaar zorgen.'

Voor Mimoun is het gezin de hoeksteen van de samenleving. Niet dat hij daar nu aan bouwt, daar is het leven nog net even te leuk voor, maar dat komt wel. Hij heeft al getrouwde vrienden, zegt hij. Die vrienden waren 'vroeger', net als hij nu, wild, maar sinds hun huwelijk niet meer: 'Een vrouw maakt je rustig, dan ga je meer aan geloof doen, je rookt en drinkt niet meer, je wordt serieus. Dan ga je ook niet meer uit, je kunt moeilijk je vrouw alleen thuis laten zitten.'

Mimoun is als 90 procent van al die jongens: ze neuken zich suf, wel met Nederlandse meiden, maar willen trouwen met een (Marokkaanse) maagd. Hij waarschijnlijk ook, alhoewel: 'Je wordt natuurlijk gewoon verliefd en dan maakt het mij niet uit of ze Marokkaans is of Nederlands. Ik ken zoveel jongens die gemengd getrouwd zijn.' Maar zijn bruid moet wel weten dat hij een jaloerse jongen is die liever niet ziet dat zij straks bijvoorbeeld met collega's op stap gaat.

Er zijn dus zo een paar regels waarover ze afspraken gaan maken: 'Ze moet kiezen voor mij.' Dat zit in ons, zegt hij: 'Hoe modern wij ook worden op vrouwengebied, we blijven ouderwets.'

9

Latifa was een bijzonder braaf meisje

Meisjes die niet naar feesten mochten, gingen 'logeren' bij een vriendin. Zo lossen zij dat op. Latifa Aolad Si Mhammed vertelt over haar leven, haar liefde en preutsheid.

Latifa Aolad Si Mhammed was een bijzonder braaf meisje. Zo braaf dat ooms haar tegenover haar nichtjes als voorbeeld stelden: 'Kijk naar Latifa, dat is pas een goed meisje.' Daar werd ze wel ongemakkelijk van. Toen vervolgens haar oudere zusters weigerden haar mee te nemen naar de bioscoop zolang ze 'dat stomme hoofddoekje droeg', ging de hoofddoek af. En zij de wereld in. Nou ja, Amsterdam.

Het was in 1990 en Latifa was zestien jaar.

Latifa's vader was in 1968 naar Nederland gekomen en ging werken bij Hoogovens. Haar moeder kwam zes jaar later. Het gezin – met vijf jongens en drie meiden – was behoudend, vader was imam.

De meisjes mochten niet naar die feesten die er in de jaren negentig ook al waren: in Marcanti, in de RAI, in Leiden in de Groenoordhallen, in Den Bosch: 'Verboden terrein, maar de meeste meiden lossen dat op een eenvoudige manier op: ze gaan "logeren bij een vriendin" en dan gaan ze toch.' Ook haar oudere zus deed dat. Zo niet Latifa: 'Ik was gewoon de braafste, had die drang niet om uit te gaan. In het weekend was er altijd wel bezoek, het was altijd gezellig. Ik was natuurlijk wel eens verliefd. Maar naar schoolfeesten mocht ik ook niet. Ik hoorde natuurlijk wel altijd de verhalen in de klas, heel interessant vond ik dat. Maar ik had er gewoon niets mee te maken. Ja, ik wist alles wel, want ik las heel veel, maar ik deed toen echt wat mijn ouders zeiden.'

En ook zij heeft haar vakantieherinneringen: 'Altijd naar Marokko en als je dan aankwam, en je zag de familie weer, voelde je je meteen thuis. En tegelijkertijd staat het ver van je af, want daar voel je je gewoon Nederlander. We namen ook altijd drop mee, en pindakaas. We zaten er altijd zes volle weken en na twee weken wilden wij als kinderen wel weer terug. Dan had je het wel gehad met al dat geklaag.'

Haar eerste stap in het echte uitgaansleven zette ze toen ze twintig was. Tussen haar eenentwintigste en haar vijfentwintigste had ze een paar vriendjes, die ze stiekem zag. Wat praten, wat drinken, naar de bioscoop en wat zoenen. 'Maar het was ondenkbaar dat mijn ouders dat wisten. Je neemt een vriend pas mee naar huis als het serieus is.' Maar je moeder weet zulke dingen toch, die heeft vroeger toch net zo gedaan? 'Nee, mijn moeder niet. Die komt uit een gat, daar spraken meisjes helemaal niet met de jongens. Nee, mijn moeder is echt heel preuts.'

Traditioneel, maar niet zonder ambities. 'Alle kinderen uit ons gezin hebben het hbo of de universiteit voltooid. Ik weet eigenlijk niet hoe mijn ouders dat hebben gedaan. Ze waren wel streng, we mochten niet laat op straat, de jongens moesten gewoon een krantenwijk doen en zelf meeverdienen. We konden allemaal goed leren, dat scheelt. Bovendien, als je je opleiding afmaakt, weet je dat je verder kunt. Anders blijf je hangen.'

Steeds, in alle gesprekken, komt het terug, de rol van moeders in de opvoeding van Marokkaanse kinderen en hoe cruciaal die is voor de vorming van de kinderen. Is die moeder vrijzinnig, dan heeft dat zonder uitzondering effect op de manier waarop de kinderen in de Nederlandse maatschappij staan. Zijn de moeders erg conservatief, dan blijven tradities een grote rol spelen, blijven taboes bestaan. Een preutse moeder zal met haar dochter niet expliciet spreken over zaken zoals bijvoorbeeld menstruatie. Laat staan dat daar bij de eerste menstruatie van de jonge dochter, zoals in Nederlandse gezinnen wel gebeurt, taart wordt aangevoerd. Latifa: 'De mededeling was eenvoudig dat je "nu niet meer alleen buiten mocht spelen" en "je nu de hele maand mee moest vasten".' Laat staan dat er wordt gesproken over verliefdheden en seksualiteit. Ondenkbaar, giechelt zij, dat zij aan haar vader zou kunnen vragen wanneer en met wie zijn eerste keer was. Totaal ondenkbaar. Wat elke meid en elke jongen wel weet is dat hun persoonlijke gedrag van invloed is op de reputatie en de eer van de hele familie.

En ze hebben meestal een grote, hechte familie. Een mannetje of dertig die zeker twee keer in de maand bij elkaar komen om te eten en te kletsen. 'Maar de hele familie is natuurlijk veel groter. In Amsterdam zijn het er bij elkaar wel tweehonderd en dan hebben we nog familie in Brussel en in Nijmegen, en in Marokko natuurlijk.'

Minder leuk aan het Marokkaanse leven in Nederland vindt zij de sociale controle. 'Ik wil graag met rust gelaten worden, maar iedereen kent elkaar, Amsterdam is een dorp, en je ergert je dood aan het feit dat ouders altijd zo letten op wat je buurvrouw zegt, het is nooit wat ze zelf denken, het is altijd: "Oh, kijk, die dochter is al getrouwd".' En tegelijkertijd willen die meisjes zo graag voldoen aan de strenge eisen van ouders, omdat ze hun ouders niet willen kwetsen. In discussie gaan is uitgesloten, dat zou getuigen van gebrek aan respect. Dus als er al een strijd is om vrijheid en bewegingsruimte, dan wordt die uitgevochten in de loopgraven en niet op het open veld.

Eigenlijk, legt Latifa uit, is de omgang met de andere sekse dus vooral gevaarlijk vanwege de roddels. Ook met vriendinnen onderling moet je, zegt Latifa, altijd heel erg voorzichtig zijn, altijd uitkijken wie je in vertrouwen neemt. 'Als je met een groep staat, is het altijd van; heb je het gehoord, die en die en die dat, en die achternicht heeft een abortus gehad! Ook op bruiloften en feesten, altijd gaat het om dat soort verhalen.'

En altijd weer die maagdelijkheid. Nog steeds.

Zelf is Latifa erover verbaasd hoeveel meisjes nu, anno 2006, nog het idee hebben dat ze bij de eerste keer dat ze met iemand naar bed gaan moeten bloeden. 'Vooral die jonge meisjes, van veertien, op het vmbo. Dan leggen wij uit dat dat onzin is, en hoe het echt zit, maar ze horen verhalen van nichten en over pijn in de huwelijksnacht, het blijft iets wat erg belangrijk is.'

Waarom dan toch? Alsof je het kan zien dat dat meisje een keer met een vriendje heeft geslapen. 'Genoeg doen "het" wel voor hun huwelijk met het idee dat ze dan die jongen aan zich binden. Maar anderen wachten tot ze zijn getrouwd. Dat doen ze voor zichzelf, of ze zijn gelovig voor God, en voor hun ouders. Dat klinkt gek, dat weet ik wel. Maar dat zit er in gebakken. Kuisheid.'

Tot ze getrouwd zijn. Dan is het taboe op seksualiteit verdwenen. Dan worden de verhalen van vrouwen onderling vrijer. Dan kan het gaan om pret en orgasmen, dan worden er vrijelijk grappen gemaakt waar de meisjes met gespitste oren naar luisteren. Kuisheid hoeft niet overal synoniem te zijn met preutsheid. In tegendeel. Maar alles in beslotenheid, dat wel.

In die controlerende sfeer, waarin angst voor ontdekking de boventoon voert, gaat alles vanzelf stiekem en zo is het internet een uitkomst geworden. Chatten kan daar anoniem.

Latifa Aolad Si Mhammed © JDvdB

Jongens en meisjes kunnen alleen daar vrijelijk met elkaar communiceren. En stiekem afspreken. Latifa: 'Omdat je ook op straat niet gezien moet worden, wordt er afgesproken in een andere stad.' Eigenlijk weet bijna iedereen wel dat het gebeurt: afspraakje via internet en dan met je OV-jaarkaart naar Leeuwarden, of Amersfoort. Precies dat doen waar autochtone ouders kun kinderen eindeloos voor waarschuwen: afspreken met onbekenden. Het kan gevaarlijk zijn. 'Is het ook,' zegt Latifa, 'maar de meesten nemen de eerste keer een vriendin mee, en ze spreken ook af onder een andere naam. Natuurlijk. Dan kijken ze eerst wie er zit. Ze kijken echt wel uit hoor. Ze gaan pas in hun eentje als ze in dit soort afspraakjes al heel bedreven zijn.'

Bijna altijd kiezen Marokkanen voor een meisje of een jongen uit de eigen kring. Marokkaanse jongens, zegt ze, rotzooien zo lang mogelijk. 'Met Nederlandse meiden, want die zijn gemakkelijk en die worden zo verliefd, maar ze trouwen nooit met ze, bijna nooit.'

Latifa is nu 32 jaar. Ze is afgestudeerd en werkt bij Chebba Meidenplaza, onderdeel van Stedelijk Jongerenwerk Amsterdam. Zij ziet er met haar lange krullende haren, haar rechthoekige brilletje, rok, maillot en laarzen uit als iedere andere eigentijdse Amsterdamse. Ze is getrouwd met en heeft haar eerste kind van Mohamed El Aissati, de oprichter van de website Maroc.nl, een erg populaire website onder Marokkaanse jongeren. Zij beheert er het 'girlsboard'.

Latifa leerde haar Mohamed kennen op een Marokkaans feest, in 2000. Ze vond hem meteen leuk: 'Hij was daar met zijn zusjes. Het bijzondere was dat hij met zijn zussen optrok: sommige meiden mogen van broers mee naar die feesten, maar dan gaan ze zeker niet met elkaar swingen. Hij leek dus helemaal niet Marokkaans.'

Hoe gaat dat dan? 'Eerst was er oogcontact, en toen stapte hij op mij af en gaf een papiertje met zijn telefoonnummer erop. Ik durfde hem niet te bellen, ik heb vijf dagen gewacht. Een ouder nichtje heeft mij naar de telefoon gesleept. Die zei: 'Maak niet de fout die ik heb gemaakt, bel.' Zij was bijna 29 en nog ongetrouwd en dan ben je voor Marokkaanse jongens al heel oud. Ik was 25 jaar, en dat vond men eigenlijk toen ook oud, dus ze heeft toen voor mij Mohamed gebeld. Men vindt dat je eigenlijk rond je twintigste wel moet trouwen, en ja, zo ga je het zelf ook voelen. En als je achter in de twintig bent en nog niet getrouwd, ja, dan voelt dat alsof je overschiet.'

Want daar wordt wel over gesproken door die moeders. Een beetje zoals in Nederland in de jaren vijftig, zestig, het idee dat je wel op tijd aan de man moet komen, omdat er anders toch iets niet helemaal in orde is. En alle tantes en ooms blijven maar vragen.

We komen op scènes uit *Bridget Jones's Diary*. Daarin zie je hoe Bridget met haar ouders meegaat naar de traditionele

kerstlunch van vrienden, waar de belangstelling nooit uit-
gaat naar haar werk, maar waar elk jaar besmuikt wordt gevraagd: 'En Bridget, hoe is het met de liefde?'

De oudste dochter bij hen thuis is, vertelt Latifa, nog 'ge-
koppeld'. Dat hadden ze het liefst ook met Latifa gewild. De
boodschap van haar ouders was duidelijk: liever geen Nederlander, liever geen Berber en zeker geen Berber uit het
Rif 'want die zijn helemaal streng en conservatief': 'Ze zeiden: want dan mag je niet werken, en dat wilden ze nu ook
weer niet.'

  Dus werd er kritisch gekeken toen zij de tijd rijp vond om
haar ouders over Mohamed te vertellen. 'Hun eerste vraag
was: waar komt hij vandaan, is het een Berber of een Arabier, want je hebt altijd de vraag of jij wel door zijn ouders
wordt geaccepteerd. Je weet gewoon dat als je schoonmoe-
der je niet accepteert en overheersend is, dat je al gauw een
scheiding kunt verwachten.'

  Maar de familie van de Mo op wie Latifa verliefd werd,
kwam wel uit het Rif. 'Maar zij zijn weer heel vrij, die gingen
met de hele familie naar de bioscoop, en naar musea, dat
was heel bijzonder. Toen mijn ouders Mo zagen waren ze
meteen gek op hem, dus dat idee dat alleen zij een goede
partner kunnen kiezen, hebben ze ook losgelaten: ze zien
dat het zo, als je zelf kiest, ook goed kan gaan.'

  Haar broer is getrouwd met een Nederlands meisje: 'In
het begin was ze heel erg verlegen. Ze hebben eerst samen-
gewoond en zijn later getrouwd, ook met een traditionele
Marokkaanse bruiloft. Nu volgt ze met mijn zus Arabische
les.'

  En hoe gaat zij het doen nu ze zelf moeder is?

  'Ik denk dat ik met mijn kinderen wel alles wil bespreken
en zij zullen zeker wel naar feesten mogen en op schoolreis.
Mijn zus trouwde op haar negentiende en toen was het afge-

lopen met het wilde leven. Die heeft nu twee dochters, en die voedt ze vrijer op.'

Ze ergert zich nu, vertelt ze, aan een stagiaire van achttien die blond en opgemaakt rondloopt in een djellaba en zo'n grote doek die haar hoofd en haar schouders bedekt. '"Waarom doe je niet gewoon alleen een kleine hoofddoek?", heb ik haar gevraagd, je valt op deze manier zo op!' En stelt vast dat heel wat meisjes zich nu zo aankleden als statement, dwars eerder dan religieus.

'Ik zie mijn moeder ook veranderen. Kijk, mijn zusje die een jaar jonger is, die mocht wel naar schoolfeesten, wel op schoolreis en toen was het opeens normaal. Maar ik mocht alleen naar verjaardagsfeestjes. Alles was gewoon heel beschermend. Tegen mijn zusje zegt ze nu: "Ik hoop dat je met een leuke jongen thuiskomt." En: "Als je maar gelukkig wordt." Laatst zagen mijn ouders een achternichtje op straat met een jongen en mijn vader zei: "Kijk, achttien en nu dat al." Maar toen heeft mijn moeder gezegd: "Ach, laat haar toch."'

Maar ze is en blijft trots op haar Marokkaanse afkomst. 'Vanwege de sterke familiebanden, we hebben heel goed contact met elkaar, alle grote dingen worden met de hele familie gevierd. En het respect voor ouderen, dat vind ik ook heel mooi. Je bent Marokkaan. En nu helemaal. Terwijl ik mij in Marokko wel heel erg een Nederlander voel.'

Na de moord op Theo van Gogh, vertelt ze, was het even helemaal niet leuk meer Marokkaan in Nederland te zijn. 'Opeens werd ik op een andere manier aangekeken. In de bus gingen twee autochtone vrouwen vlak bij mij zitten en allerlei slechte dingen over Marokkanen zeggen, zo van: ze moeten oprotten, duidelijk uit op een reactie. Ik heb een pokerface opgezet en ik heb niet gereageerd, maar van binnen dacht ik: gadverdamme, laat mij met rust. Ik hoorde van andere Marokkaanse meiden dat ze bespuugd werden, dat hoofddoeken werden afgetrokken, dat ze geslagen werden met een fietsslot. Ik vraag me echt af, waarom moeten ze ons allemaal over een kam scheren? Het is hetzelfde als na 11 september, opeens waren alle moslims slecht. Dan heb je echt wel even zin om geen Marokkaan te zijn, maar je bent het. En ik ben er nog trots op ook!'

10

Ik wil niet bespuugd worden, ben je helemaal besodemieterd

Hassnae Bouazza, zus van schrijver Hafid, is net als de hele familie, gek op haar moeder. Want die voedde – slim en vrijgevochten – al haar kinderen bijzonder vrijzinnig op.

In sommige kringen wil wel eens klinken dat 'de Bouazza's' nogal wild zijn. Dat heeft vast te maken met de schrijver Hafid Bouazza die getuige verhalen in persoonlijke interviews niet wordt geplaagd door dat algemeen heersende gevoel van schaamte onder Marokkanen. Hafid is er een van zeven. Hij heeft een paar zussen. De jongste, Hassnae, wenst zich geheel in de traditie van haar broer niet op te stellen als een bange, afwachtende, bedeesde dame. Hassnae Bouazza (32), Arabisch tolk/vertaalster en researcher voor het VPRO-programma RAM, kunnen we het beste introduceren als bruisend en zo Nederlands als wat.

Ze is opgegroeid in Arkel, waar de Bouazza's het enige Marokkaanse gezin waren. Zo'n Zuid-Hollands dorp, dus reken maar dat er wel raar gekeken werd. En daar had de kleine Bouazza zo haar eigen aanpak voor. 'Er was zo'n plek in het dorp waar altijd hangjongeren stonden. Die spuugden naar mij en mijn moeder. Toen ze het de tweede keer deden, ben ik naar ze toe gelopen en heb ik gezegd: "Dit maakt echt geen enkele indruk hoor, ik kom jullie stuk voor stuk nog wel eens alleen tegen!" Dat ene ventje was zo'n klein pikkie, die werd panisch. En toen was het ook over. Dus het werkt wel, je moet openlijk tekeergaan. Ik wil toch niet bespuugd worden, ben je helemaal besodemieterd.'

Vader Bouazza had in Marokko een ijzervlechterij, heeft gewerkt in Spanje en in Frankrijk: 'En is in Nederland geëindigd. En toen heeft hij het gezin laten overkomen.' Het gezin had zeven kinderen, maar de oudste dochter Aïscha bleef in Marokko om te studeren. Hassnae was de jongste, vier toen ze kwam, geboren in 1973.

Haar moeder komt uit de stad. 'Wij zijn niet zo bijzonder hoor, er zijn wel meer van zulke vrije gezinnen. Mijn moeder is een ontzettend slimme, vrijgevochten vrouw, heel intuïtief. Ook al spreekt zij geen Nederlands, zij heeft alle kinderen altijd aangespoord om te studeren, om een goede baan te krijgen. Wij zaten niet onder de duim, en mijn vader was ook altijd erg trots op ons. Mijn broers en zussen waren altijd bezig met schrijven en schilderen en met muziek. We werden gestimuleerd om boeken te lezen en films te kijken, ja dan werkt het wel anders. Het was dus absoluut niet bekrompen, dat is bepalend in je vormende jaren. Dat is dus tegengesteld geweest aan de jeugd van Ayaan Hirsi Ali. Voor haar is de vrijheid te laat gekomen, dus die gaat doorslaan. Dat is een ander proces, maar als je alles afstoot en je eigen zijn ontkent, krijg je frustratie, een groot gat in de bodem. In je identiteit. Je bent Marokkaan, dat zijn je wortels, dat moet je accepteren. Nu is dat even minder leuk, maatschappelijk gezien, op macroniveau. Maar in het persoonlijke leven heb ik er geen last van. Dat laat ik ook niet toe. Ik kom bovendien niet in contact met achterlijke idioten die mij idiote vragen stellen over terroristen. Ik was dus ten tijde van de moord op Van Gogh erg blij met mijn weldenkende collega's van de VPRO. Maar als het anders is, is het toch de kunst om je er niets van aan te trekken. Zo'n scène in de bus die Latifa beschrijft heb ik meegemaakt in de auto. We reden in een file, is er zo'n Nederlander die zijn raampje opendraait en "Bin Laden, Bin Laden" begint te schreeuwen naar mijn moeder en mij. "Ja," zei ik, "als ik bij Bin Laden hoor, blaas ik je zo op!" De zotheid van zulk gedrag zeg, je weet meteen op welk niveau dat soort mensen verkeren. Moet je meteen je neus voor optrekken.'

Dat is niet altijd gemakkelijk. Haar broer, die met zijn gezin ook in Arkel woont, vertelt dat er na 11 september mensen waren die hij al jaren kende, die opeens niet meer met hem praatten. Dat heeft hem enorm gegriefd. De kinderen van haar broer, die op school werden gepest. Zo'n jongetje van acht dat op het schoolplein 'Bin Laden' wordt genoemd. Dat zegt wel iets over de sfeer in het land. Dat is toch om erg nijdig van te worden. Zoals we al schreven, zijn er bij zoveel Marokkanen momenten geweest waarop met drift gereageerd had kunnen worden, maar ze houden zich meestal in. Voorzichtig. De vader: 'Dus eerst zeg je: trek je er niets van aan, niet gaan vechten. Maar als het weer gebeurt, gaan we praten met de juf.'

In dat Zuid-Hollandse Arkel zijn de kinderen Bouazza opgegroeid zonder andere Marokkanen in de buurt. Achteraf is Hassnae daarvoor 'ernstig dankbaar': 'Dan kun je je toch eerder losmaken.' Geen ongemak van sociale controle, de roddel dus, geen noodzaak tot liegen en manoeuvreren. Ze is dol op haar familie, maar: 'Elke keer met de hele familie eten, zeg, ik zou er gek van worden.'

Alle kinderen Bouazza zijn dus van jongs af aan gestimuleerd de Nederlandse wereld in te gaan. Niet wat je noemt 'gewoon'. Het heeft hen allemaal gevormd. Moeder Bouazza, zelf grootgebracht door een moeder die zich niet liet kisten, is sturend geweest in de ontplooiing van al haar kinderen. Ze wordt door hen geadoreerd.

Hassnae Bouazza © JDvdB

Zo gaat Hassnae het ook doen, zegt ze. Lees haar lofzang op die moeder, een lofzang die ook in dit boek staat omdat Marokkaanse moeders in de regel veel meer dan de vaders bepalend zijn voor de vorming van de kinderen.

Lofzang op een moeder

Door Hassnae Bouazza

Fatima-Zahra. Mijn biologische klok is nog niet begonnen met tikken (en wat mij betreft mag dat nog even zo blijven), maar al heel jong wist ik wel dat, mocht ik een dochter krijgen, ik haar dan Fatima-Zahra zou noemen.

Een van de meest vertederende aanzichten die ik in Arkel, het dorp waar ik ben opgegroeid, kan vinden, is die van mijn moeder die er de straten siert, en dan vooral in gezelschap van haar kleinzoon – ofwel op zijn fietsje, ofwel naast haar huppelend – op weg naar de plaatselijke supermarkt, naar *amitou* (tante), of weer terug naar oma's huis.

Gekleed in haar djellaba en met hoofddoek zie ik dan al vanuit de verte haar ogen twinkelen en haar gezicht lachen. Mijn moeder.

Het is de vrouw die ons allen hard aanspoorde te studeren en iets van ons leven te maken, en die haar dochters net zo hard stimuleerde hun best te doen om niet later door een man gedomineerd te worden. Toen ze een keer hoorde dat een ernstig gefrustreerde klasgenoot van mij over haar had gezegd dat ze er 'onderdrukt' bij liep 'met haar hoofddoek', moest ze hartelijk lachen. 'De arme maakt zich zorgen om me,' was haar reactie. Haar bijnaam voor hem was nummer 33, omdat hij op dat huisnummer woonde.

Het is diezelfde gehoofddoekte vrouw die mensen bevlogen uitlegde wat ik nu precies schreef over de rapmuziek en waarom ik al die rappers wilde interviewen: om uit te leggen dat er achter al die harde taal en scheldwoorden een boodschap schuilging. De namen van de rappers kende ze ook, hip als ze is. Als ik dan weer eens te ver ging met mijn grote mond en zij me met een grote lach vroeg op mijn taal te passen, verweerde ik me altijd dat ik geïnspireerd was door de rappers, want die zeiden immers ook altijd alles in grove, maar eerlijke bewoordingen.

Mijn moeder. Toen ik oude foto's aan het bekijken was voor bij dit stuk en ik er eentje met haar erbij vond, zei ze dat zij niet belangrijk was en dat om mij ging. Maar liefste mams: jij bent mij en ik ben jou.

Steeds als ik haar aankijk, word ik overvallen door een groot gevoel van verdriet. Afgelopen jaar verloor ze na 47 jaar huwelijk haar man, en wij onze vader. Het verdriet dat zij moet voelen gaat mijn voorstellingsvermogen te boven, maar desalniettemin staat zij ferm. Ze heeft haar gevoel voor humor, haar doortastendheid en kracht, haar levenslust en bovenal haar liefde voor haar kinderen niet verloren. Zij is als Moeder de Gans die nog steeds het warme nest bewaakt, wachtend op het moment dat haar jongen weer terugkomen en zij hen kan omarmen. Bij alles wat ze doet en zegt, bemerk je haar scherpzinnigheid en weer die ongelooflijke humor, ook al is de grap nog zo ranzig en doet ze nog zo haar best om afkeuring te veinzen. Mijn moeder vertegenwoordigt voor mij al het goede, het zuivere, het openhartige en ruimdenkende en bovenal het warme en liefdevolle.

Ik kan alleen maar hopen dat ik later zal worden zoals zij. Een schitterende bloem. Een Fatima-Zahra.

11

Marokkanen zijn feestbeesten

De muziek heet chaabi, anders is het wel raï, maar het dansen blijft hetzelfde: met schuddende heupen en borsten. Wel onder toezicht. Over Marokkaanse dansfeesten in het buurthuis, in disco's en in Paradiso.

Marokkanen zijn feestbeesten. De grote disco's her en der in het land zijn befaamd. Hoewel ze door sommigen, wat zullen we zeggen, lichtzinnig worden gevonden, zijn er hordes die afreizen om die feesten te bezoeken. Eigen muziek, eigen mensen, alle ruimte om kennis te maken en te flirten.

Salon Osdorp, gevestigd op zo'n treurig modern bedrijventerreintje, is het adres voor grote Marokkaanse feesten. Bruiloften worden er ook gevierd. En anders is er met regelmaat disco voor de wat ouderen. Hier zijn in de voorverkoop de kaarten voor meisjes tien euro, voor jongens twintig. Want er zijn altijd te weinig meisjes.

Fraaie verzameling binnen, als je door de *security* bent. Geschoren hoofden, spierwitte truien, meiden in strakke broeken, hooggehakte laarzen, voile doeken om de heupen geknoopt.

Om zes uur 's middags is de sfeer die van een feest om twaalf uur 's nachts. Verhit, slinks getuur, af en toe een twintiger met opvallend zwaar opgemaakte ogen. Bijna lege tafels. Neem een Nederlands feest en er is overal drank. Hier niet. Het feest is er niet minder heftig om.

De muziek begint en meer dan de helft komt met een grijns van herkenning overeind. De jongens dansen met elkaar, de meisjes ook, slechts af en toe danst een paartje.

Bijna allemaal hebben de meisjes een voile sjaal over de billen gebonden – heb je beter effect van het schudden en draaien. Het is fascinerend om te zien dat al die zwaar bewaakte kuisheid op de dansvloer mag worden vergeten.

Voor een buitenstaander tenminste oogt het allemaal behoorlijk sensueel, die sierlijk hoge armen, die schuddende borsten en trillende billen. 'Tril met je reet, maak me heet,' zingt de rapgroep. Kunnen ze thuis, denk ik, niet draaien, maar eigenlijk is het voor iedereen hier doodgewoon.

Deze disco, vertelt organisator dj Mimoun, wordt bezocht door mensen uit het hele land. Dj Mimoun (23) is een mooi nummer. Snel pak, keurige das, en een ego van hier tot Casablanca. Marokkaanse variant van snelle Henkie.

Marokkaanse disco in Osdorp © JDvdB

Deze dj Mimoun, toch helemaal een product van deze tijd zou je zeggen, vindt het trouwens wel moeilijk om met mij, een vrouw, het gesprek te voeren. Doorlopend wendt hij zich tot de fotograaf, een man, terwijl ik toch echt degene was die de vragen stelde.

De disco in Osdorp is helemaal 'onder ons'. Alleen Marokkanen. Je mag er gerust heen, maar hier ben jij de buitenstaander.

Saïd Salhi (35), een van de twee dragende krachten van Marmoucha, de Amsterdamse organisatie van Maghreb dance – Arabische dansfeesten in Paradiso – is sinds zijn achttiende in Nederland, afgestudeerd in sociaal-cultureel werk, getrouwd met een Nederlandse vrouw en vader van een dochter van drie. Hij ziet met zorg 'hoe Marokkanen zaken op hun bord krijgen waar ze niets mee te maken hebben'. Ze worden in de verdediging gedrongen, meent hij, en dat is niet terecht. Hij leidt naar eigen zeggen een leven dat niet anders is dan dat van andere Nederlanders. Hij voelt zich niet verwant met fanate gelovigen. Zijn lust is muziek en zo heeft hij met zijn vriend, Wijnand Hollander, Marmoucha opgezet. Marmoucha wordt steeds groter en populairder. En dat beperkt zich niet tot Marokkanen.

Daar boven het Max Euweplein, temidden van de programmastaf van Paradiso, heeft Marmoucha een kantoor. Daar zetelen Saïd Salhi en Wijnand Hollander. Nu even bijgestaan door Nizar el Assal (Egyptische vader, Nederlandse moeder), die communicatiewetenschappen heeft gestudeerd en erbij is gekomen omdat de Egyptische muziek niet genoeg aan bod kwam. Vonden ze alle drie.

Feestbeest is niet het beeld dat wij met z'n allen hebben van de gemiddelde Arabier. Het is ook niet zo dat, hoezeer de mannen van Marmoucha er ook naar streven, Nederlanders staan te trappelen als weer ergens een Marokkaans feest of een Marokkaanse disco wordt gehouden.

Laat vast gezegd zijn dat iedereen die van dansen houdt meer dan welkom is. Als je een beetje de salsa kunt dansen, kun je ook swingen op Arabische muziek.

Ze doen het sinds een jaar of vijf, Wijnand en Saïd. Ze leerden elkaar tien jaar geleden kennen in Marokko, gingen samen naar het hbo en bedachten samen dat het toch wel treurig was dat een aantal goede Marokkaanse bands geen podium vond dat verder reikte dan een of ander buurthuis. 'Noord-Afrikaanse muziek kon je nauwelijks ergens horen,' zegt Saïd, 'alleen Paradiso bleek ervoor open te staan.'

Op 1 juni 1999 had het eerste concert plaats dat was georganiseerd door Marmoucha (de naam is ontleend aan de geboortestreek van Saïd), van de band Thazin.

Sindsdien is Paradiso met regelmaat van Marmoucha.

Nizar el Assal (links) en Saïd Salhi van Marmoucha,
een organisatiebureau voor Arabische feesten © JDvdB

Natuurlijk waren er voor die tijd ook Marokkaanse feesten, maar meestal grootschalig, ergens in een afgelegen sporthal. 'Onze doelstelling was aanvankelijk: hoe krijgen we Marokkanen in Paradiso? Nu is het meer: hoe krijgen we er Nederlanders bij?'

Marokkaanse feesten zijn goede business. Afgelopen kerst was er een groot feest in Den Bosch, in partycentrum Salon Osdorp was een dansfeest voor jongvolwassenen met dj's en livemuziek en Paradiso had een loungefeest met eten en alles, waar een nogal deftig gezelschap van vooral Marokkanen uit z'n dak ging bij de optredens van de populaire Marokkaanse zanger Khalid Bennali. En laatst zette de Algerijnse zanger Cheb Khaled Carré op z'n kop. 'Marokkanen zijn enorme dansers,' zegt Saïd. 'Ze komen binnen en gaan meteen de dansvloer op.'

De Marmoucha-feesten, zoals hun traditionele kerstlounge in Paradiso, zijn meer 'multiculti', hoewel toch ook hoofdzakelijk Marokkaans. Op de kerstlounge hier is het gezelschap van weer een ander kaliber. Zagen we in Osdorp nog steeds meisjes met hoofddoeken, in Paradiso zie je ze nauwelijks. Hier zie je vooral de wat meer welgestelde, deftige families. Blijkbaar speelt bij het dragen van hoofddoeken ook zoiets als welvaart en klasse.

Klapper van de avond is de populaire zanger Khalid Bennali. Geweldig hoe, als de band begint te spelen, overal mensen opstaan en naast de tafels gaan staan dansen, groepjes, enkelingen. Doodgewoon als een deftige Marokkaanse dame opeens zichzelf verliest in haar dans, alsof ze alleen op de wereld is.

Het is een feest om naar te kijken. Als Khalid Paradiso op stoom heeft, staan ze boven bij de balustrade, en beneden door bijna de hele zaal, naast hun stoel, al klappend swingend, ook de jonge meisjes in modern gala die die avond de

Marokkaans feest in Paradiso, Amsterdam   © JDvdB

zijde van hun moeder niet verlaten. Zonder drank, zonder sigaretten, maar allemaal met die schuddende billen.

Er zijn ook wat Nederlanders in de zaal, wat Pakistanen, maar van hen waagt niemand zich aan de dans. Ik denk dat iedere Marokkaan hier met liefde het dansen aan die anderen zou leren, maar het is een beetje hun avond. Er valt geen onvertogen woord, iedereen is voorkomend.

Zo gaat dat blijkbaar in de binnenwereld.

Verderop in Amsterdam, in Zeeburg, dansten de tienermeiden zich in het zweet, ook al met livemuziek.

Want voor wie die stap naar Salon Osdorp (nog) niet zet, zijn er een paar keer per jaar, meestal rond de vrije feestdagen, eigen feesten in de buurt. Die buurtdisco's voor meisjes zijn enorm populair. Want vaak zijn het de enige feestelijkheden die ze, buiten bruiloften, mogen bezoeken. Zo keken we rond kerst 2004 binnen in het verenigingspand aan de Zeeburgerdijk, waar zo'n meisjesfeest net op stoom kwam.

Het is achenebbisj, maar achter het tafeltje bij de ingang drie stralende koppies, gehoofddoekt en wel, die verrast vragen: 'Komt u ook voor het feest?'

Op mijn 'ja' een brede lach. 'Daar in de zaal en boven kunt u ook zitten, als u het rustiger wilt hebben, daar zitten meer moeders.' Binnen speelt de band. Honderden meisjes: een kwart zit te kijken, het andere driekwart staat op de dansvloer. Een zee van heupwiegende tienerlijven.

Wel driekwart van de hoofden bedekt met doeken kleurend bij de shirtjes. Gepoetst en gestreken, strakke heupbroeken, shirtjes, bloesjes, een enkel meisje in een djellaba, breedlachende monden, hoogrode wangen. Op het podium de meest curieuze band die ik ooit heb gezien. Op stoelen zitten drie stevige vrouwen met snaarinstrumenten, op percussie en keyboard twee mannen. Ik geloof niet dat Marokkanen een generatiekloof hebben wat betreft muziek.

Rond de kerst van 2004 was ik in de Meervaart, waar Laryach speelde, nogal traditioneel begreep ik, maar daar zag ik ook meisjes zo weggelopen uit de *Tina*, in groepjes traditioneel dansend. Hier eenzelfde soort muziek. Daar gaan al die meiden, armen geheven, ze draaien en ze schudden.

Dan pas zie je heupen en billen. En dan zie je dat ze dit hun leven lang al doen. Van elf tot achttien, in kringen, met elkaar of solo voor de spiegels aan de steunpilaren van de zaal. Ze gingen allemaal los.

De sfeer deed denken aan de feestjes van vroeger van de mms (middelbare meisjesschool) en de vrouwenfeesten uit de jaren zeventig. Dat ontspannen onder elkaar zijn, dat ken ik nog wel. De pret hier kun je je helemaal voorstellen als je weet dat dit maar een keer per jaar is. Ze genoten. Het was schattig hoe keer op keer die meiden kwamen vragen of ik niet mee wilde doen.

Ik praatte met een leuke meid. Ze bleek negentien, tweede-jaars hbo mondhygiëne. Ik vroeg of ze wel eens uitging, maar nee, mag niet. Maar ze vindt gewone disco's ook niet leuk. Hier voelt ze zich vrijer om te dansen. Bovendien vindt ze dat drinken niets.

Maar hoe doe je dat dan als je een jongen leuk vindt? Nou, ze gaat wel met groepjes naar de bioscoop en ze zit wel eens gezellig te kletsen in de bibliotheek. 'Ik mis het helemaal niet. Ja vroeger, toen ik dertien, veertien was, en de hele klas naar de r&b-disco ging, en ik niet mocht. Dat vond ik toen erg. Nu niet. En nu ben ik met mijn buurmeisje.' Buurmeisje zit in de laatste klas van de middelbare school. Hoog-rode wangen onder een lichtroze hoofddoek.

Kind, doe dat ding toch af, zo warm. Maar het hindert haar helemaal niet. 'Als je eraan gewend bent,' zegt de aanstaande mondhygiëniste, 'doe je hem niet meer af, dat zie ik aan mijn zus.'

Hier wordt niet gefotografeerd. Je weet immers nooit wie die foto's zouden zien.

Chaabi heet de 'volksmuziek' die er wordt gespeeld of gedraaid. Anders is het wel raï: moderner, maar het dansen blijft trouwens hetzelfde. Met schuddende heupen en borsten. Raï is inmiddels internationaal, chaabi is nog steeds een beetje Marokkaans. Het echte werk als je het hebt over popmuziek uit het Midden-Oosten komt uit de Libanese en Egyptische hoek. Dat is het middelpunt voor het hele Midden-Oosten wat betreft muziek, media en film. Daar komt de muziek vandaan waarop iedereen kan dansen, daar zijn de grote sterren.

Daar ook tieren de commerciële televisiestations, met hun videoclips die voor de Europese niet onderdoen, en die met hun bloot ook aanleiding geven voor discussie. 'Want het blijven natuurlijk islamitische landen.'

Nizar el Assal, van Marmoucha: 'Maar ze kennen de liedjes allemaal en als je door Caïro loopt, zie je overal televisies met groot scherm afgestemd op die zenders. Alleen echt blote borsten, zoals hier de ongecensureerde top-5 van TMF, dat lijkt mij daar ondenkbaar. En het loopt allemaal via de satelliet. Dus het komt ook allemaal hier binnen via de schotels. Weinig helpt de integratie zo op gang als die zenders. Het internet is natuurlijk ook niet te stoppen.'

12

De Candy Bar in Casablanca: kijken maar niet aanraken

Het is een van de meest decadente clubs van Marokko. Hier spenderen de rijkeluiskinderen op een avond het maandsalaris van de gemiddelde Marokkaan. Drank, disco en blote navels, maar geen blote benen.

Al die Nederlandse Marokkanen zijn achterlijk, allemaal Berbers, iedereen zegt het. Niet te vergelijken met de Marokkanen in Rabat, Casablanca of Marrakech.

Daar is het leven veel moderner, daar gaan de seksen normaal met elkaar om. Daar zijn goed opgeleide mensen die studeren, die kranten maken, die vrouwenbewegingen vormen. Daar kun je drinken en uitgaan, daar heb je pas een nachtleven. Het meest trendy is de Candy Bar, chique, strak, met laser en house en techno. De duurste club van het land. En daardoor decadent. Hier besteden de happy few en hun kinderen op een avondje uit wat voor anderen een maandsalaris is.

Kun je allemaal modern noemen, maar het is schijn. In de Candy Bar dringt pas na een tijdje tot je door wat het toch zo anders maakt. Het zijn de omgangsvormen; mannen hangen bij elkaar, meisjes hangen aan elkaar, maar elkaar aanraken is zo goed als taboe. Hoezo modern.

De ober die hen bedient had hun vader kunnen zijn. Hij moet een maand werken voor wat zij op zo'n zaterdagavond uitgeven. Zij zien er niet naar uit dat zulke zaken hen ook maar een moment bezighouden. Ze hebben wel wat anders aan hun hoofd; de Candy Bar aan de grote boulevard van Casablanca loopt vol en het valt niet mee in het bijna-duister, waar de groene laserstralen precies op ooghoogte door de ruimte priemen, in de gaten te houden wie er op deze zaterdagavond allemaal binnenkomen.

De viphoek van de Candy Bar is bomvol. Verwachtingsvolle blikken, opgewonden sfeer. In een van de strakke, paarse zithoeken, zitplekken waarvoor je honderd euro betaalt, zit een meisje. Ze is hooguit veertien, vijftien jaar. Armen nog stakerig, push-upbehaatje om haar ontluikende borsten te laten bollen in het satijnen hempje. Onhandig houdt ze een sigaret tussen haar vingers. Haar zus, iets ouder, is hier duidelijk niet voor het eerst. En de jonge mannen om hen heen, in pak of in leren jasjes, zijn dat al helemaal niet. Achteloos laten zij de ober de champagne ontkurken. In een megaschaal met ijs liggen een fles wodka, flesjes cola en vruchtensap. Uit de speaker dendert techno.

De jongemannen, haren glanzend van de gel, omarmen en kussen elkaar, maar taxeren intussen de meisjes en de vrouwen. Alle ogen blijven rusten op de blote benen van een jonge vrouw. Blote benen, ze draagt een jurkje, dat is pas extravagant. Er zijn deze avond in de meest trendy club van Casablanca, dus van heel Marokko, precies twee vrouwen die hun benen laten zien. De anderen zijn met strakke broeken en topjes met spaghettibandjes, of strapless, voor hun doen conventioneel. Naar gemiddelde Marokkaanse maatstaven zijn ze absoluut onbetamelijk. Maar deze kinderen van de Marokkaanse happy few, de kleine rijke bovenlaag in dit land, hebben daar natuurlijk maling aan. De norm is zo westers mogelijk. Er is ook geen noot Arabische muziek te horen.

Uitgaansleven in Casablanca   © GF

Aan de hoge witte bar wordt champagne geschonken, worden cocktails gemixt en wordt bier verkocht, omgerekend minimaal tien euro per consumptie. Terwijl gasten in de spiegels hun uiterlijk checken, gaan de briefjes van honderd dirham (tien euro) nonchalant in stapeltjes van hand tot hand. De obers lopen gedienstig mee om glazen en flessen te dragen.

Buiten parkeren meer en meer glanzend gepoetste wagens, de rij voor de entree groeit nog steeds. Vrouwen, altijd in de minderheid, hoeven nooit te wachten hier. Binnen raakt het vol en begint de boel op stoom te raken: de eerste meisjes staan op de verhogingen te dansen en laten hun heupen draaien. Ze willen gezien worden. En ze worden gezien. Eromheen bossen jonge mannen, hun blik geconcentreerd op die haren, die heupen, die billen en die blote schouders. Kijken, intensief kijken, maar van aanraken is geen sprake. Zo zie je, hoe geladen de sfeer ook is, deze avond precies één stel elkaar in het openbaar omarmen en uitgebreid zoenen.

Dus de jongen die – en dan is het in de Candy Bar al laat – voorzichtig de bovenarm kust van een dansend meisje, gaat ook behoorlijk ver. Maar ze laat het behaagziek toe. Straks, als om vier uur de muziek stopt, wacht de wagen met chauffeur die haar naar huis brengt.

Over de kilometers lange boulevard van Casablanca waait een venijnig windje. Zo diep in deze zaterdagnacht nadat de Candy Bar is gesloten, is ook The Village, de enige homotent van Casa, verlaten. Tag Azout, New Look, Calypso, Cabaret, Oriental – ze raken allemaal leeg.

In de hotels, zoals Bellerive, is het in de bar ook stil. De meisjes die hier 's avonds zitten – naar de algemene mening hier zijn het 'hoeren', want ze roken en drinken bier – hebben hun klanten opgepikt of zijn naar huis. De portiers van de nachtclubs, in pak met zwarte jas, hangen nog rond, de schouders opgetrokken tegen de kou. Een meisje in een kort jasje, haren los, sigaret in de hand, slentert voorbij. '*I give you a fixed price*,' zegt ze zonder veel enthousiasme in haar mobieltje.

De portiers kijken haar na. Ze vertrekken geen spier, maar de afkeuring en totale minachting druipen van hun gezichten af.

13

Hoeren en snoeren in de Maghreb

Libanon gold en geldt als het Sodom en Gomorra van de Arabische wereld, en bij Arabieren waar dan ook ter wereld loopt het kwijl uit de mond als ze de stad alleen al noemen.

Take the train to Casablanca going south
Blowing smoke rings from the corners
of my mo-mo-mo-mo-mouth
Colored cottons hang in the air,
charming cobras in the square
Striped Djellabas we can wear at home
Oh, let me hear you now
Don't you know we're riding on the
Marrakesh Express
Don't you know we're riding on the
Marrakesh Express
They're taking me to Marrakesh
All aboard that train
All aboard that train
All aboard
Marrakesh Express
Crosby, Stills & Nash, (1969)

Tien jaar na het uitkomen van 'Marrakesh Express' arriveer-
de ik in de stad die ik enkel kende van de plaat van Crosby,
Stills & Nash. Beter laat dan nooit, maar Marrakech bleek

een uitvergrote Efteling vol fakirs, slangenbezweerders en ontbindende Duitse hippies. Daarom verkaste ik snel naar Tanger. Ik wilde als een beest gaan stappen in die legendarische stad waar de Rolling Stones kind aan huis waren en notoire morfinisten, opiumschuivers, absintzuchtigen, knapenschenders en geparfumeerde drollen als Truman Capote, William Burroughs, Allen Ginsberg, Tennessee Williams, Gore Vidal, Jean Genet, Francis Bacon en Paul Bowles hun lusten botvierden en alles deden wat Allah verboden heeft.

Ik was, net als in Marrakech, opnieuw tien jaar te laat. De legendarische kolonie hippies, beatniks en bohémiens was opgelost als een fata morgana. Een jaar voor mijn reis naar magisch Marokko had ik mij bekeerd tot punk. Mijn tot op de draad versleten witte Afghaanse jas en roze spiegeltjeshemd had ik in een Zak van Max gepropt ten bate van het reumafonds van de joodse moppentapper Max Tailleur. De Marokkanen waren volstrekt onbekend met punk, en overal waar ik kwam, wekte mijn nieuwe look – een colbert met afgescheurde mouwen, een 'Never Mind the Bollocks Here's the Sex Pistols'-T-shirt met al in de fabriek aangebrachte veiligheidsspelden en daaronder een broek met meer gaten en scheuren dan stof – walging en agressie op.

Het uitdragen en verdedigen van de punkfilosofie in een land waar je de bak indraait als je een mop over de koning tapt, was echter zinloos. In nachtclubs, jazztenten en disco's, of wat daar voor door ging: werkelijk overal werd ik geweigerd, met als dieptepunt een café-restaurant waar ze Crosby, Stills & Nash (& Young) draaiden en schurftige Duitse hippies met haar tot aan hun reet knetterstoned een vorkje couscous zaten te prikken. Teleurgesteld droop ik af naar het cannabiswalhalla Ketama, waar de aanschaf van een plakje zero-zero het hele dorp in beweging bracht, inclusief de gendarme, die een broer van de dealer bleek te zijn.

Een jaar of vijftien later kwam ik zowaar een Arabische punk tegen op een houseparty op het strand van Jounieh, een decadent, christelijk kuststadje ten noorden van Beiroet. Libanon gold en geldt als het Sodom en Gomorra van de Arabische wereld, en bij Arabieren waar dan ook ter wereld loopt het kwijl uit de mond als ze de stad alleen al noemen. Nog steeds zijn mensen met stomheid geslagen als ik ze vertel dat je vrijwel overal in het Midden-Oosten en Noord-Afrika kunt 'hoeren en snoeren'. Libië en Saoedi-Arabië vormen een uitzondering wat uitgaan betreft, maar daar zuipt de jeugd zich tenminste nog blind met zelfgestookte dadeljajem.

25 jaar stappen in de Levant en de Maghreb, zomaar een paar bizarre herinneringen. Het is vier uur 's nachts, hartje zomer in de zeer aangename en betrekkelijk hippe Syrische badplaats Lattakia. In een bomvolle nachtclub vol rijkeluiskinderen, animeermeisjes en de onvermijdelijke snorremannen van de gevreesde Mukhabaraat (de geheime dienst), draagt 'zangeres' Georgina, enkel gekleed in hot pants en een topje, een lied op aan president Hafez al Assad (die toen nog leefde), ingeleid door een paar obligate revolutionaire strijdkreten. Met zichtbare weerzin richt de stomdronken meute zich op om mee te yellen. Wie dat namelijk niet doet is verdacht en subversief.

Ik en mijn vrienden liggen in een deuk om het potsierlijke en genante tafereel, een lallende hoer die een comateuze nachtclub de 'great dictator' laat loven en prijzen.

Ik slaag er in om tot sluitingstijd vijf keer de hele tent uit de dood te doen herrijzen met de leuzen van Georgina. Niemand durft te weigeren, vijf keer voltrekt zich hetzelfde ritueel.

Gaza-stad, niet lang na de Oslo-akkoorden. Aan het strand is een heuse nachtclub verrezen, de eerste en de laatste in de Gaza-strook. De Sheherazade is vooral bedoeld voor de vertrouwelingen van Arafat die met hem zijn meegekomen uit Tunesische ballingschap (in Tunesië hielden ze er een behoorlijk luxueuze en decadente levensstijl op na). In de PLO-nachtclub wordt gegokt, heel veel puike whisky gedronken, er wordt gebuikdanst en er zijn ook nog eens echte hoeren voor de 'Tunesiërs'. Die hoeren zijn *nawar*, het Arabische woord voor de zigeuners die eeuwen geleden in Palestina neerstreken en er gebleven zijn. Het is ondenkbaar dat Palestijnse vrouwen hier de hoer zouden spelen, daarom voorzien deze paria's (die in het kamp Gebalyah wonen) in de behoeften van Arafats boys.

Tijdens de eerste intifada werden ze doodgeschoten door de Palestijnse opstandelingen, onder Arafat genoten ze bescherming. De Sheherazade heeft niet lang bestaan. Hamas zou de tent in de fik hebben gestoken, evenals de enige twee hotels in de Gaza-strook waar alcohol werd geschonken. Einde uitgaan in Gaza-strook.

Wat ten slotte het echte hoeren en snoeren betreft (dus niet in de betekenis van gewoon flink doorzakken) is het opvallend dat er in de jaren dertig al een soort Marokkoreisgids is verschenen van ene C.F. Dam. Deze mijnheer Dam beschrijft op tien pagina's zijn bordeelbezoek in Marrakech:

'Huppelend, de kleine harde borstjes brutaal omhoogkomen zij binnen, twee van haar kiezen zich een blanken man en zoo zitten mijn vriend en ik ieder met een lief, klein bruin, naakt meisje naast ons. In het Arabisch doet zij mij een vraag en ik begrijp die zoo volkomen alsof het mijn moedertaal is. Met een benepen lach, waarmede ik mijzelf in de eerste plaats verontschuldig, zeg ik nee. Zij lacht terug, kust me alsof zij me dankbaar is voor mijn uitgestreken zendelingenstandpunt.'

14

Alle vrouwen zijn hoeren, behalve mijn moeder

Eens per jaar bood het Cairo Film Festival Egyptenaren de unieke mogelijkheid buitenlandse speelfilms – met bloot – ongecensureerd te zien. Maar internet en de satellietzenders hebben voor een stille seksuele revolutie gezorgd in de Arabische wereld.

Als iets de landen van Noord-Afrika en het Midden-Oosten bindt, is het wel de totale hypocrisie ten aanzien van seks, die gepaard gaat met een preutsheid die we in Nederland voor de oorlog hadden. Het is ondenkbaar dat je op de Libanese, Egyptische, Algerijnse of Marokkaanse televisie ook maar één blote borst zult zien en in kiosken en boekhandels zul je nooit een *Playboy* aantreffen. Zelfs Nederlands eerste en zeer onschuldige blootblad *De Lach* zou onmiddellijk door de politie van de schappen worden verwijderd.

Ook in de bioscopen is het kommer en kwel, al vormt Libanon op dat gebied een uitzondering. In de Rue de Bliss in Beiroet, waaraan ook de vermaarde Amerikaanse Universiteit ligt, staat sinds jaar en dag een tamelijk vunzige bioscoop waar soft erotische films worden gedraaid uit het jaar nul, vergelijkbaar met de Tiroler films die eind jaren zestig, begin jaren zeventig in Nederland in zwang waren. Nergens knipt de censor er zo lustig op los als in de Arabische wereld, met als gevolg dat speelfilms soms zomaar tien minuten tot een kwartier korter duren en essentiële scènes in de prullenbak verdwijnen.

Eens per jaar biedt het Cairo Film Festival Egyptenaren de unieke mogelijkheid buitenlandse speelfilms ongecensureerd te zien. Dit prijzenswaardige initiatief bracht al vanaf de eerste editie in 1976 een onverwacht en vooral onbedoeld effect teweeg: vrijwel uitsluitend mannen kwamen van heinde en verre naar het festival in de hoop een glimp van een blote borst, bil of meer op te vangen.

De vraag naar toegangskaartjes was overstelpend en bij films met veel bloot werden dranghekken voor de bioscoop neergezet en hield politie in burger een oogje in het zeil om chaotische taferelen te voorkomen. Het gros van de festivalbezoekers was totaal niet geïnteresseerd in de films zelf, het enige wat telde was het aantal naaktscènes. Ik heb meegemaakt dat opgewonden Egyptenaren je bij de uitgang van de bioscoop op stonden te wachten en vroegen hoeveel blootscènes er exact voorkwamen in de betreffende film. Op basis van een eenvoudig rekensommetje besloten de heren dan naar welke film ze die avond zouden gaan.

Sinds de komst van internet en erotische satellietkanalen in Egypte is het Cairo Film Festival, tot grote opluchting van de directeur, enigszins verlost van het ranzige imago. Internet en de satellietzenders hebben in ieder geval voor een stille revolutie gezorgd in de Arabische wereld. Als je een uurtje zapt via de satelliet, valt het op hoeveel zenders zich richten op een Arabisch publiek, al is het nog steeds ondenkbaar dat er een Arabische seksfilm gemaakt zal worden.

In Saoedi-Arabië wordt – ondanks verwoede pogingen van het regerende koningshuis dat te voorkomen via filters en zware straffen – massaal porno gedownload. Het blijft natuurlijk een zielige vertoning en het zegt bijvoorbeeld, in het geval van het Cairo Film Festival, veel over de conservatieve islamitische samenleving, waarin de familie domineert, mannen geacht worden met maagden te trouwen, maar het huwelijk soms tot ver boven hun dertigste moeten uitstellen omdat er geen geld voor is. Tot de verlossende trouwdag moeten naaktscènes (bij gebrek aan internet of satellietzenders) in een Europese of Amerikaanse film dan voor enig seksueel gerief zorgen.

Als je een vriend of vriendin hebt in de eerder genoemde landen, is er nog altijd het logistieke probleem. Het komt zelden voor dat jongeren zelfstandig wonen, samenwonen is al helemaal uit den boze. Overal in de Arabische wereld is de zedenpolitie razend actief. In de meeste hotels moeten stelletjes hun trouwboekje laten zien, en als ze dat niet hebben wordt hun de toegang geweigerd.

Een praktische maar dure oplossing is dan het boeken van twee aparte kamers. Vijfsterrenhotels doen meestal niet moeilijk over trouwboekjes maar zijn voor de meeste stelletjes onbetaalbaar. In Libanon biedt Les Colombes, de enige camping van het land, uitkomst voor ongeoorloofde, amoureuze strapatsen. Deze beruchte, prachtig aan zee gelegen camping nabij het dorpje Aamchit, veertig kilometer boven Beiroet, verhuurt 'tungalows', houten onderkomens in de vorm van een tent, voor twintig dollar en stelt geen vragen. Uit heel het land komen in weekenden verliefde stelletjes naar dit enige, goedkope alternatief om samen de nacht door te brengen.

Moslimfundamentalisten in Noord-Afrika en het Midden-Oosten waarschuwen te pas en te onpas dat de hedendaagse islamitische wereld in een Sodom en Gomorra is veranderd en dat het einde der tijden nabij is. Een wulps geklede Arabische zangeres is in hun ogen gelijk aan een pornoactrice en het liefst zouden ze alle vormen van muziek willen verbieden. De (mannelijke) stem is namelijk voorbestemd om louter de koran te reciteren, vrouwen moet het zingen verboden worden omdat ze als een Arabische versie van de Lorelei mannen het hoofd op hol brengen.

De fundamentalisten, ongeacht uit welk land ze komen, willen de vrouw helemaal uit het publiek leven verbannen omdat zij de bron van ellende is. Hamas, de Moslimbroeders in Egypte en het FIS in Algerije zijn tegen werkende vrouwen en pleiten voor een strikt gescheiden openbaar vervoer. In nieuwe woonwijken in Algerije worden de balkons tegenwoordig afgeschermd door een muurtje zodat de huisvrouw, die als het goed is de hele dag thuis blijft, geen wellustige gedachten kan oproepen bij de buurman.

De Franse uitdrukking 'Alle vrouwen zijn hoeren, behalve mijn moeder' is daarom goed van toepassing op veel mannen in de Arabische wereld. De wereldwijd bekende Tunesische onderzoeker Abdelwahab Boudhiba maakt in zijn standaardwerk *La sexualité en Islam*, melding van het '*hammam*-complex'. Dit complex ontstaat volgens hem op het moment dat een jongen niet meer met zijn moeder mee mag naar de hammam, het publieke badhuis: wie herinnert zich niet de aanblik van zoveel naakt vlees en onbestemde sensaties? En wie herinnert zich niet het moment waarop dit rijk van naaktheid ineens verboden werd?

In de prachtige Tunesische speelfilm *Halfaouine* uit 1990 komt het hammam-complex uitgebreid aan de orde. Hoofdpersoon Noura bevindt zich tussen jeugd en volwassenheid, met aan de ene kant de warme, beschermende vrouwenwereld en aan de andere kant de stoere, harde mannenwereld. Als hij van de ene op de andere dag niet meer met zijn moeder mee mag naar de hammam, raakt hij in verwarring. Voor veel Marokkanen was de film een feest van herkenning.

Jamal, een goede vriend van mij uit de stad Oujda, ging twee keer per week met zijn moeder, zusjes en broertjes naar de hammam, met tassen vol handdoeken en badspullen. Het was de doodgewoonste zaak van de wereld dat hij tussen al die blote en halfblote vrouwen rondliep, erotische gedachten kwamen niet bij hem op. Rond zijn zevende jaar begon hij met andere ogen naar de vrouwen te kijken. De *tijaba*, de vrouw die de hammam beheert, kwam naar zijn moeder en vertelde dat hij niet meer mocht komen. Verschillende vrouwen hadden opgemerkt dat Jamal hen met andere ogen bekeek. De vrouwen van de hammam wisten precies wanneer een jongen zijn onschuld begon te verliezen. Sommige laatbloeiers konden zelfs tot hun twaalfde jaar in de hammam blijven komen.

Jamal merkte zelf ook dat hij anders aan het worden was, bijvoorbeeld als hij langs de vrouwen liep die wijdbeens op de grond zaten en hun huid aan het schrobben waren, en zijn blik iets langer bleef hangen op hun lichamen. Vanaf dat moment moest hij met zijn broer naar de mannen-hammam, iets wat hij helemaal niet erg vond omdat dat veel stoerder was.

De Marokkaanse sociologe Fatima Mernissi kreeg vorig jaar november de Erasmusprijs overhandigd door koningin Beatrix. De bekende feministe werd geboren in een van de laatste harems van Fes en heeft veel geschreven over de mysterieuze wereld van de harem. In haar boek *Het verboden dakterras* uit 1994 beschrijft ze hoe haar neefje Samir ruw uit de vrouwen-hammam wordt verwijderd, nadat een vrouw daar had gezien hoe hij haar met een mannenblik had bekeken. 'Ook al is hij pas vier jaar, hij bekeek mijn borsten net zoals mijn echtgenoot dat doet,' vertelde die vrouw, en dat was het einde van Samirs onbezorgde jeugd waarin het onderscheid der seksen nog niet telde.

In *La sexualité en Islam* beschrijft Abdelwahab Boudhiba dat de verwijdering uit de hammam voor een jongen net zo'n traumatische ervaring is als de besnijdenis en de eerste huwelijksnacht. Hij komt plotseling in de mannenwereld terecht, waar over vrouwen amper nog gesproken wordt en zeker niet met respect.

Tegelijkertijd voelt hij zich in de steek gelaten door zijn moeder, waardoor hij zich zowel afgestoten als aangetrokken voelt door vrouwen.

Vanaf zijn prille jeugd wordt de zoon ook nog eens opgezadeld met het bewaken van de familie-eer. Hij wordt de seksuele waakhond van de familie, wat volgens de Algerijnse auteur Kateb Yacine gepaard gaat met een schuldgevoel. Hij schrijft hierover: 'Als we naar de hammam gingen, twee kilometer lopen, maakte mijn moeder haar hoofddoek los omdat er op de weg toch niemand was die haar zou zien. Arme moeder! Ik voelde me dan verplicht tegen haar te zeggen: "Doe je hoofddoek goed." Zo droeg ik op een bepaalde manier bij aan het opsluiten van mijn moeder.'

Veel Noord-Afrikaanse schrijvers hebben het moeder-en-zoonthema en de heiligverklaring van de moeder geprobeerd te verklaren. In *La sexualité en Islam* schrijft Abdelwahab Bouhdiba dat de jonge moeder zich al snel realiseert dat het huwelijk geen feest is en dat ze vanaf het moment dat ze is ontmaagd, in een gevangenis leeft, onder de voortdurende dreiging te worden vervangen door een andere vrouw.

Haar zoon wordt een surrogaatechtgenoot die ze aanspreekt met *rewejli*, mijn kleine echtgenoot. Hij wordt haar handlanger tegen de echtgenoot, het instrument van wraak tegen de toekomstige schoondochter en vooral diegene die voor haar zorgt op haar oude dag. Het hammam-complex van de zoon groeit: het liefst zou hij met alle vrouwen willen slapen, waardoor ze worden gereduceerd tot seksobjecten en hoeren. Behalve zijn moeder natuurlijk, want zij is het ultieme taboe. In de afwezigheid van zijn vader maar ook als een reactie op hem, wordt de moeder langzaam maar zeker heilig verklaard.

De vraag is of het hammam-complex ook geldt voor Noord-Afrikaanse jongens die in Nederland opgroeien en nog nooit een hammam van binnen zagen. Feit is dat je ook hier die gespleten houding – dat aantrekken en afstoten – ten aanzien van vrouwen blijft zien.

Dat verklaart dat Nederlandse vrouwen op straat regelmatig en zo gemakkelijk voor hoer worden uitgemaakt. Een jonge Marokkaan zei laatst dat wanneer je als Nederlandse vrouw door zo'n knul zo wordt uitgescholden, je hem onmiddellijk een draai om zijn oren moet geven, met de tekst: 'Dat zeg je thuis tegen je moeder ook niet!'

Volgens mij begint het hypocriete gedrag van veel Arabische mannen ten aanzien van vrouwen bij de heiligverklaring van hun moeder. Als ik Palestijnse of Marokkaanse vrienden op de kast wil jagen, maak ik voorzichtig een toespeling op een grap over hun moeder. Succes verzekerd.

15

Een goede moslim beft zijn vrouw

Over hoe de koran de lichamelijke liefde stimuleert, taboes en ranzige grappen van grootmoeders. Seksualiteit is voor moslimvrouwen niet taboe, het taboe zit hem in openbare uitingen.

1. Seks is binnen de islam heel wat minder zondig dan binnen de christelijke leer.

Je moet er niet aan denken hoeveel jongens en meisjes in dit land zijn opgegroeid met de boodschap dat seks verderfelijk is. Hoeveel gereformeerde pubers slapeloze nachten hadden door de angst voor hel en verdoemenis, hoeveel katholieken voor dat deurtje in de biechtstoel hebben gefluisterd: 'Vader, ik heb zondige gedachten gehad.' En dan ging het altijd om begeren. Nee, dat moet je de moslims nageven, die hebben de seks nooit zo verloochend.

De koran regelt veel, zo ook de regels rond seks. Nu kun je met goede redenen weigeren jezelf regels te laten voorschrijven, maar het wordt tenminste besproken en beschreven. Dat scheelt veel verwarring en bezoeken aan de psychiater.

De koran leert de gelovige dat seks een bron van plezier en genot is. De profeet hield de moslims voor dat seks zelfs een voorproefje is van het paradijs. Het idee van die 77 maagden die als specifieke beloning van zelfmoordenaars in het paradijs wachten, is dus geen uitvinding ten behoeve van de werving van extremisten.

Seks is voor moslims dus niet iets vies, maar mag op één voorwaarde: je moet getrouwd zijn. Die strenge regels en beperkingen voor vrouwen hebben daar veel mee te maken. De historische verklaring is kort gezegd: 'Broeders en zusters, het is allemaal verrukkelijk, maar het moet geen zooitje worden.' En zo is seks beperkt tot het domein van het huwelijk. Gelijktijdig zijn zo die vrouwen als grote bron van lust 'voor hun eigen bescherming' weggestopt achter lappen en doeken.

De koran schrijft tevens voor dat zowel de jongen als het meisje als maagd het huwelijk in moet gaan, iets wat in de praktijk niet echt werkt.

Zo is de hypocrisie er bij moslims net zo ingeslopen als bij de gestichte kerkgangers die door de week naar de hoeren gaan, de werkster of hun dochter pakken en net zo gemakkelijk zondag in de kerk belijden hoe zondig het vlees is. En hoor je hier jonge islamitische mannen vertellen dat ze met veel plezier 'een wild leven leiden' – lees naar bed gaan met wie wil, en dat zijn meestal vrijgevochten Nederlandse meisjes – maar wel liefst een kuis meisje trouwen.

Uit een onderzoek van de Rutgers Nisso Groep is gebleken dat Marokkaanse meisjes op het gebied van seks het terughoudendst zijn van alle jongeren in Nederland. De Marokkaanse jongens vinden dat zij zelf wel mogen experimenteren, maar meisjes niet. Dat je als maagd het huwelijk in moet, is voor bijna 80 procent van de Marokkaanse jongeren normaal, tegen 16 procent van de autochtone jongeren; dat is een groot verschil. Combineer dat met het toenemen van het aantal allochtone meisjes dat een hoofddoek draagt, en het beeld van totale preutsheid is daar.

Straatbeeld Casablanca © GF

Over de sociale druk op moslima's is al veel geschreven. Een groot deel van hen wordt thuis kort gehouden. Op straat hand in hand lopen, uitgaan: ze hoeven maar een fractie van het doorsnee gedrag van een gemiddelde autochtone meid te vertonen en ze gelden als sletten.

Het moet een enorme opgave zijn als de maagdelijkheid van een meisje een aanzienlijk deel van de familie-eer vormt. Ben je zelf van die noodzaak niet geheel overtuigd en wil je er ook geen heibel over trappen, dan zoek je zo je eigen ontsnappingsroute. Want in die sfeer van angst en sociale druk gaat alles vanzelf stiekem en is internet, bijvoorbeeld om geheime afspraakjes te regelen, ergens ver weg, een uitkomst.

Hassnae Bouazza herinnert zich, vooral van vakanties bij de familie in Marokko, dat seks wel degelijk een gespreksonderwerp was: 'Grappen, toespelingen in het badhuis, onder elkaar was het heel gewoon. Mijn oma, een fantastisch sterke vrouw, had de ranzigste grappen. Zij kreeg zo ook veel gedaan op de bank, of op het gemeentehuis. Dan zei ze in haar zogenaamde onschuld allerlei schunnigheden en dat vonden ze dan geweldig, dat werd gewaardeerd.'

Hassnae Bouazza herinnert zich uit haar jeugd ook hoe in het dorp van diezelfde grootmoeder de controle van het laken nog doodgewoon was. 'We logeerden daar in de zomervakantie. Na een bruiloft, midden in de nacht dat geluid, dat gejoeijoei. Dat iedereen het weet. Mijn vriendin en ik zeiden tegen elkaar: wat achterlijk om op het intiemste moment van anderen achter de deur te staan! Maar dat gebeurt niet meer hoor. Mijn oudste zus woont in Rabat en de moraal daar, in het intellectueel milieu, is niet te vergelijken met de seksuele moraal onder Marokkanen hier. Daar zegt de bruidegom tegenwoordig: "Ik hoop maar dat ze niet te veel heeft rondgeneukt." Trouwen als maagd is prima, maar zo niet, dan ben je daar geen paria.'

Waarom al die in Nederland opgegroeide allochtone meisjes niet meer rebelleren tegen de voor hen geldende sociale mores en de hypocrisie, het meten met twee maten, heeft te maken met hun grote loyaliteit, hun hang naar de warmte van de familiebanden. Anderen, denk aan homo's, gaan de strijd wel aan, met alle problemen van dien.

Dat moslimmeisjes in de seksindustrie terechtkomen, is al helemaal uitzonderlijk. In België opereert precies één Marokkaanse pornoster. Twee Marokkaanse zussen hebben in Nederland jaren in het diepste geheim een sekslijn gerund. Telefoonseks in drie talen: Nederlands, Arabisch en Berber. Met succes. Totdat het een jaar geleden uitkwam. Hun vader werd er in de moskee op aangesproken en de vrouwen, volwassen en zelfstandig, moesten op het matje komen. Ze runnen nu een bloemenzaak.

Het Westen heeft zijn seksuele revolutie gehad. Bloot is gewoon. Sommige moslima's bedekken hun hoofd, en soms hun hele lijf, omdat ze niet als seksobject willen worden bekeken. Mogen ze helemaal zelf weten. Zolang ze er maar niet toe worden gedwongen door vader, broer of man. De hoofddoek wordt er in elk geval minder politiek bedreigend van; het is niet meteen een symbool van extremisme.

Met extremisme en politieke islam heeft dat alles niet zoveel te maken. Laten we maar verder doorgaan met waar de discussie over de islam zich voor 2001 bevond. Die ging over rechten van vrouwen in dit land, moslim of niet. Want zolang in Amsterdam-West nog vrouwen gewoon binnen zitten, onder de knoet van man en schoonvader, zolang nog steeds Marokkaanse jongeren hier door de familie onder druk worden gezet een neef of nicht uit Marokko te trouwen, opdat die legaal naar Nederland kan komen, is er nog genoeg te doen.

2. Een goede moslim beft zijn vrouw

'Genietend, zonder dat het wederzijdse genot aanleiding geeft tot schaamte of tot belemmeringen.' En: 'Het bevredigen van de vrouw en het stillen van haar begeerte brengen een groot toekomstig geluk.' Wij citeren uit *Seksualiteit in de islam, ethiek, beleving en raadgevingen.*

Over de seksuele bevrijding van de vrouw zijn in de jaren zeventig stapels feministische boekwerken geschreven; er lopen nog hele generaties vrouwen rond die hun partner precies hebben moeten uitleggen waar hun clitoris zat en waar die precies voor diende. Zo niet de moslimvrouwen. Als we tenminste kunnen koersen op dit opmerkelijke boekje, aangeschaft in de islamitische winkel in de Brabantstraat in Brussel.

'Onwijs gaaf' en 'toppie' zijn de kwalificaties die op internetsites van islamitische jongeren aan dit boekje worden gegeven, en ze hebben gelijk. Al begin je totaal blanco aan het onderwerp, na lezing ben je van alles op de hoogte, van koranteksten tot orgasmes en rituele bewassing. Elke denkbare vraag over seks, houdingen, stimulering, het overwinnen van problemen als geen zin of ongemak, wordt in dit werkje beantwoord. Alles ten behoeve van het grote feest van de wederzijdse bevrediging.

Als dit de leidraad is voor de seksbeleving van moslims, kan de gemiddelde niet-moslim er nog een puntje aan zuigen. We laten de opgelegde beperking dat seks alleen is toegestaan tussen huwelijkspartners – 'Het hebben van seksuele relaties is één van de waardevolste geschenken die een persoon gegeven kunnen worden' – even buiten beschouwing. Zo ook de aperte afwijzing – 'Moge Allah ons behoeden' – van homoseksualiteit.

Het gaat nu even om de vrijheid en blijheid van de seksbeleving op zichzelf en de opmerkelijke aandacht hierbij voor de genietingen van de vrouw. Daarbij is bijna alles geoorloofd (behalve anale seks); wederzijdse bevrediging is het uitgangspunt. Kortom: een goede moslim beft zijn vrouw.

'De seksuele daad uitvoeren met de echtgenote is een daad van aanbidding van Allah.' De koppeling van seks aan religieuze rituelen is van alle tijden. Er is wat gecopuleerd in tempels en op offertafels. De ultieme rechtvaardiging voor goede seks. Behalve in het christendom. Daar wilde men van seks niet veel meer weten dan dat die nuttig was voor de voortplanting.

Van de koran mag men genieten. Zowel zij als hij, want: 'De seksualiteit maakt werkelijk deel uit van het leven en het is de basis.'

Wat moet de echtgenoot doen nadat hij zijn echtgenote

heeft ontmaagd? 'Hij moet haar verder blijven strelen en zacht omhelzen tot ze rustiger wordt en ze gelukkig begint te worden.' En daarna: 'De vrouw moet in alle vrijheid haar lichaam door haar man laten ontdekken, ze moet elke verlegenheid of angst laten vallen, want in het huwelijksbed is daar geen plaats voor. Ze moet leren over zichzelf te spreken, en ze moet zijn hand leiden naar de meest erogene zones van haar lichaam. Als zij hem dat niet leert, dan is het mogelijk dat hij het nooit zal weten.' Want: 'Een zachte streling en een zoete omhelzing zijn dingen die het seksuele genot zeker niet verminderen.'

Dit boekje, dat geen auteur meldt maar alleen de naam van Mohamed Abou Loutour als verantwoordelijk voor 'de algemene revisie' en Oem Adam Ghizlane voor de vertaling, is uitgegeven door de Brusselse uitgeverij Almadina. Het boek, valt in de inleiding te lezen, dient als referentie voor moslims: 'Als de godsdienst ons niets leert over de seksualiteit, wie dan wel? Pornofilms worden verspreid met de bedoeling de meest perverse fantasieën te bevredigen. Dit kan toch niet het soort onderricht zijn dat een mens met gezond verstand over dit onderwerp moet krijgen!'

En over orale seks: 'Sommige geleerden hebben gezegd dat het de man is toegestaan orale seks te hebben op het niveau van de geslachtsdelen van zijn echtgenote, bijvoorbeeld door haar daar te zoenen. Als dit geldig is voor de man, dan is het ook geldig voor de echtgenote met betrekking tot het geslacht van haar echtgenoot.'

De lezer krijgt tips om de vrouw te laten klaarkomen: 'Het is nog altijd even belangrijk dat de man zijn echtgenote verder blijft strelen en de clitoris blijft stimuleren, zelfs na penetratie van de penis.' Vroeg u zich nog af of 'seksuele betrekkingen' altijd in bed plaats moeten hebben? 'Er is niets verkeerd aan op verschillende plaatsen te gaan en in diverse houdingen, maar dat wil niet zeggen dat men zich mag laten gaan in perverse spelletjes, hardhandig optreden, slagen of geweld. De vrouw is in de eerste plaats gelovige en moeder, goede zeden zijn dus aan de orde.'

De ervaring van Nederlandse hulpverleners is dat seksuele frustratie voor moslims niet het grootste probleem is. Een psychotherapeute laat weten dat áls moslims al problemen hebben, zij veel eerder dan autochtone Nederlanders de stap zetten om er iets aan te doen.

Als het om seksuele vrijheid gaat, voorspelt zij, is het een kwestie van tijd of de moslimvrouwen nemen een enorme voorsprong. Met en zonder hoofddoek.

3. Liefde is een nog groter taboe dan seks.

'In de Marokkaanse samenleving is liefde bijna nog meer taboe dan seksualtiteit.'

Zo werd de Marokkaanse seksuologe Aboubaker Harakat geciteerd in het Marokkaanse opinieweekblad *Tel Quel.* Mevrouw Harakat maakt zich grote zorgen over het liefdesleven van de jeugd. Net als de sociologe Soumaya Naâmane Guessous.

Het blad had een reportage over de Marokkanen en de liefde, en het is een zorgelijk verhaal. Over seksualiteit wordt nog wel gesproken, zegt Aboubaker Harakat, maar het benoemen van gevoelens van verliefdheid en liefde ontbreekt in het gewone leven en dus in de opvoeding. Het is voor ons, hier, moeilijk voor te stellen dat: 'ik ben verliefd' een bijzonder ongebruikelijke uitspraak is; dat je bij wijze van spreken vijfentwintig bent en zoiets nog nooit heb gezegd. Kinderen op de basisschool hebben en uiten al zo hun verliefdheden en wat hoort nou meer bij de pubertijd dan die voortdurende opwinding over de andere sekse en alles wat daar uit voortvloeit: de feestjes, het verliefd zijn, het eerste zoenen, het eerste vrijen. Dat vinden we met zijn allen doodgewoon. Zo niet, als we deze reportage kunnen geloven, de Marokkanen in Marokko.

Het feit dat *Tel Quel* bij het stuk een woordenlijst plaatst, als behulpzaam gebaar aan de lezers, met uitdrukkingen als 'ik hou van je' (*l'bchoui*), 'ik wil je' (*tanbchik*), 'ik ben gek op je' (*tantstta âlik*), 'liefje' (*habiba*) of 'mijn lief' (*houbbino*), zegt alles. Het is blijkbaar iets heel nieuws om het daarover te hebben. De aanleiding is dat in Marokko tegenwoordig in toenemende mate op straat stellen te zien zijn, al dan niet traditioneel gekleed, die hand in hand lopen of gearmd. Zoenen op een bankje is er nog niet bij, maar elkaar vasthouden in het openbaar schijnt al spectaculair te zijn. Het wordt met gejuich begroet.

De seksuologe stelt in het stuk de gewoonte aan de kaak dat jongens en meisjes al vanaf heel jonge leeftijd, vijf, zes jaar, zo veel mogelijk van elkaar worden gescheiden. Zelfs binnen gezinnen, zegt zij. Tegen de tijd dat de kinderen gaan puberen wordt die scheiding absoluut. Het is desastreus voor een gezonde ontwikkeling naar volwassen levens en liefdes. En van ouders zullen opgroeiende pubers geen voorbeeld zien: ondenkbaar dat echtparen elkaar voor het oog van hun kinderen liefkozen, aldus de sociologe Soumaya Naâmane Guessous.

Het gevolg is dat juist in de periode dat de driften toeslaan, elke natuurlijke neiging tot toenadering zoeken en experimenteren wordt geblokkeerd. Ze zien hoogstens iets in films of verkennen via het internet. Maar zo leer je niet om normaal om te gaan met de andere sekse. De mannen overtreffen elkaar vooral in machismo, zegt Harakat, de meisjes ontwikkelen een diep wantrouwen jegens mannen dat pas verdwijnt als er wordt getrouwd. En dan blijkt, betoogt Aboubaker Harakat, dat ze voor al dat moois van de liefde niet alleen de daden maar ook nog de woorden moeten leren.

In dit licht wordt opeens duidelijk wat er in die disco's van Casablanca, ogenschijnlijk zo modern en hedendaags, was te zien. In die dansende meute precies één zoenend stel. Die meisjes die op verhogingen zo verleidelijk mogelijk dansen, niet gein makend met vriendinnen, maar zich exposerend – ze willen allemaal trouwen – aan al die jongens en mannen, zonder dat een van hen het in zijn hersens haalt zo'n meisje aan te raken. In die stampende massa, in dat duister, met die drank blijft de scheiding van seksen bijna totaal.

Merkwaardig.

Je kunt je wel iets beter voorstellen dat jongens en meisjes die in die sfeer opgroeien, in het hedendaagse Nederland, waar elke puber de ruimte krijgt en waar je in blaadjes als de *BreakOut* kunt lezen hoe je moet masturberen, in de war raken. Maar vrolijk word je er niet van. Het zit allemaal wel erg diep.

16

Marokko gold altijd als het paradijs van de herenliefde

De combinatie van homoseksuele neigingen en vroomheid is niet het exclusieve domein van de katholieke kerk, zo bleek tijdens het logeren.

Ik logeerde bij een alleraardigste familie in Marrakech en zoals vrijwel overal in Noord-Afrika en het Midden-Oosten kende de gastvrijheid geen grenzen. Dat kwam mooi uit want ik was platzak. Voor het eerst kwam ik, nu ruim vijfentwintig jaar geleden, in aanraking met de aangename kanten van de islamitische cultuur. De kroostrijke familie was kleinbehuisd. De zeven zonen hadden geen eigen slaapkamer en sliepen in de woonkamer, waar de lage banken 's avonds als bedden dienst deden. Het was mij een raadsel waar de zes dochters sliepen in de driekamerwoning. Ze hielden zich hoofdzakelijk in de keuken op en ik zag ze alleen als ze giechelend thee of eten aan de mannen serveerden. De familie was op een volkse, vanzelfsprekende manier gelovig en alleen de oudste zoon Mimoun, die ik op een terras in de stad had ontmoet, vertoonde gedrag dat je nu als fundamentalistisch zou omschrijven. Zo was hij mateloos in de ban van de islamitische revolutie in Iran, die toen nog in de wittebroodsweken verkeerde en jonge moslims overal in de wereld aansprak. Als Mimoun het onderwerp aansneed, dempte hij zijn stem en begon hij schichtig om zich heen te kijken: naast kritiek op de koning was en is de fundamentalistische islam een constant taboe in Marokko. Ik had Mimoun achteloos verteld dat ik atheïst was, iets wat je nooit ofte nimmer moet zeggen in de meeste islamitische landen tenzij je om oeverloze en dodelijk vermoeiende discussies verlegen zit. Voor de 'kafir' is er hoop noch genade, hij is het meest verachtelijke wezen dat op de aardkloot rondzwalkt, erger nog dan de jood of de christen, die in ieder geval erkend worden door de islam, al is hun status minderwaardig. De gastvrijheid werd verstikkend, want van de vroege ochtend tot de late avond probeerde Mimoun mijn ziel te redden. Met mijn lichaam had hij andere plannen, zo bleek al dra. Ik had het al merkwaardig gevonden dat hij me wilde escorteren toen ik na een rijke *tajine* liet weten toe te zijn aan een sanitaire stop. In het huis was geen toilet maar Mimoun bleek een geheime vaste boutplek te hebben. Het was pikdonker en tijdens de wandeling van tien minuten hield Mimoun mijn hand vast. We bevonden ons op een soort vuilnisbelt, in de verte glinsterden de lichtjes van het centrum van Marrakech. Mimoun ging in de hurkhouding zitten, trok zijn witte djellaba omhoog en begon uitbundig te kakken. Tussen het steunen door vroeg hij me of ik dit niet ook het mooiste uitzicht van de wereld vond. Ik had mijn spijkerbroek naar beneden gestroopt en zocht naar de juiste positie en balans (eerder die reis had ik al eens mijn sneakers ondergespetterd, het enige schoeisel dat ik bij me had). 's Lands wijs, 's lands eer, hield ik mezelf voor, maar ik wist toen al dat het een ongewoon tafereeltje was, twee zij aan zij poepende mannen op een vuilnisbelt. Intimiteit tussen mannen en jongens was heel vanzelfsprekend en natuurlijk in Marokko, zo had ik overal gezien. Maar nu ontbrak het er nog maar aan dat Mimoun aanbood mijn gat te reinigen met behulp van de door hem meegebrachte fles water. Na een slopende dag en avond met Mimoun dacht ik dat de nacht mij eindelijk verlossing zou schenken. Doodmoe van de gesprekken en de verzengende hitte plofte ik op een van de matrassen neer, de jongere broers van Mimoun lagen al te snurken. 'Slaap je al,' hoorde ik naast me fluisteren, seconden nadat het licht was uitgegaan. Mimoun begon een verhaal over de djinns, de geesten die je in je slaap tot zondige daden probeerden over te halen. Daarom moest ik de *shoehada*, de islamitische geloofsgetuigenis, opzeggen voor het inslapen. De engelen, de *mala'ik*, zouden dan komen om mij te beschermen tegen de boze geesten. Ik kon de engelen nu wel even gebruiken want er prikte iets tegen mijn billen en ik voelde Mimouns hete adem in mijn nek. Net als heel veel andere Noord-Afrikaanse en Arabische mannen had hij een rampzalig gebit en verspreidde hij dientengevolge een weerzinwekkende putlucht. Hoewel geen homo, ging ik vaak uit in de nichtenscene in Amsterdam en was enige lijfelijkheid mij niet vreemd. Maar hoe moest ik reageren op deze verregaande gastvrijheid en voorkomen dat de gastheer in zijn goede eer werd aangetast? Mimoun maakte nu schokkende bewegingen met zijn onderlichaam, iets wat we op de Veluwe vroeger reupen noemde. Mimoun schaamde zich niet voor zijn broers, die wellicht eerder als oefenmateriaal dienst hadden gedaan en blij waren dat ze nu tijdelijk werden afgelost. Ik moest denken aan mijn oude vriend E., die jaren eerder regelmatig naar Tunesië ging voor seksvakanties. Met zijn blonde manen en knalblauwe ogen was hij in Noord-Afrika een soort Germaanse godenzoon en had hij de tijd van zijn leven. In geuren en kleuren vertelde hij mij hoe complete families over hem heen gingen, in sommige gevallen zelfs de vader. De broers van Mimoun snurkten nog vredig maar het zweet brak mij uit bij het vooruitzicht van een *gangbang*. 'Mimoun,' fluisterde ik, 'ik denk dat Allah dit niet goed vindt.' Verontwaardigd siste hij dat ik niet moest denken dat hij homoseksueel was, een opmerking waar ik even geen passende reactie op had. Ik bleef hem zo beleefd mogelijk van mij af duwen, wachtend op het ochtendgebed. De volgende dag gedroeg hij zich afstandelijk en gepikeerd, onze 'vriendschap' was bekoeld. Toen ik te kennen gaf dat ik verder wilde reizen, reageerde de familie teleurgesteld. Mimoun was zichtbaar beledigd en keek me niet meer aan. Ik vroeg me af of hij me had uitgenodigd uit islamitisch plichtsbesef of louter en alleen omdat hij op me geilde. De combinatie van homoseksuele neigingen en vroomheid is niet het exclusieve domein van de katholieke kerk. De lijfelijkheid en intimiteit tussen mannen in Noord-Afrika, het Midden-Oosten en islamitische landen in het Verre Oosten is vanzelfsprekend en gaat ver, waardoor de scheidslijn tussen hetero en homo erg vaag is. Vaak wordt gezegd dat je homoseksueel bent wanneer je je laat nemen, voor de persoon in de actieve rol hoeft dat niet te gelden. In de koran komt de term homoseksualiteit niet voor, wel de term *liwata* (sodomie). *Liwata* is afgeleid van Loet, de Arabische naam van de profeet Lot. Het verhaal van Lot en de ondergang van de zondige steden Sodom en Gomorra wordt ook in het christendom gebruikt om homoseksualiteit te verwerpen. De mannelijke inwoners van Sodom zouden het met elkaar doen, al wordt dat uit de zeer beperkte en vage beschrijving in de bijbel niet duidelijk. De koran heeft weer een eigen interpretatie gegeven aan het bijbelverhaal die nog minder met de originele tekst te maken heeft. Volgens imam Abdelwahid van Bommel is er heel veel onduidelijkheid over homoseksualiteit en vooral het bepalen van de strafmaat. In de woorden van de profeet Mohammed wordt seksueel verkeer tussen twee mannen of twee vrouwen met overspel vergeleken en dient het ook als zodanig bestraft te worden. Omdat vier getuigen aanwezig moeten zijn om de daad te bevestigen, zijn er maar enkele gevallen van 'voorbeeldige bestraffing' bekend, aldus Van Bommel in zijn boek *Islam, liefde en seksualiteit.*

Twee jongemannen in Rabat © GF

Voor Nederlandse moslims is homoseksualiteit een gevoelig onderwerp, zo bleek uit de felle reacties die er kwamen op de postercampagne 'Ahmed is cool'. 'Aïsha is cool'. Op de ene poster zijn twee allochtone meiden zoenend en met hoofddoek te zien en op de andere twee zoenende allochtone jongens. Het homojongerenblad *Expreszo* deed dit om aandacht te vragen voor homoseksuele moslims die klem zitten tussen hun geloof en hun geaardheid. *Expreszo* won met de actie de Hans E. Charlouisprijs, die jaarlijks wordt uitgereikt aan een organisatie die zich inzet om maatschappelijke initiatieven op het terrein van seksuele hervorming en emancipatie te waarderen en te stimuleren. Het juryrapport las: 'De postercampagne van *Expreszo* valt in de prijzen door de originaliteit, de noodzaak van meer openheid rondom homoseksualiteit in eigen kring voor allochtone homo's, en de kwalitatief goede aanpak. De acties rond het verschijnen van de poster (discussies op tv en in andere media) dragen bij aan het opwekken van positieve aandacht voor deze kwestie.'

Op de website Maroc.nl kwamen felle reacties, zoals deze:

> siek en nog eens siek ! of moslim, of homo ! beiden tegelijk kan gewoon niet, en dat weten die zeikerds zoals jij ook allemaal, alleen willen jullie zo graag provoceren en treiteren door toch islam en homosexualiteit bij elkaar te willen brengen. Zogenaamd: "ook al ben je islamitisch, je mag heus wel homo zijn hoor jongetjes :) kom op boys, ga elkaar lekker zoenen, jahhhh goed sooo... lekker gay zijn" :rolleyes: en dan zijn er nog malloten die zich verlagen tot het homo-zijn en praktiseren ook ! :jammer: tfoeee ! :kwaad:!

Er ontstond nog meer opschudding toen bekend werd dat een Marokkaanse jongerensite een antihomomanifest zou gaan publiceren en provocerende flyers uit wilde delen. Een van de redacteuren, een 23-jarige leraar uit de buurt van Rotterdam, had bovendien gezegd dat de moord op Theo van Gogh hem koud liet. Met het manifest wilde hij in de stijl van Van Gogh tegen Nederlandse heilige huisjes zoals homoseksualiteit aan trappen.

'Goede informatie over de koran in het Nederlands en goed opgeleide imams die in het Nederlands in de moskee voorgaan, zijn belangrijk om dit gevaar tegen te gaan' reageerde het COC Nederland. 'Met het antihomomanifest van de Marokkaanse jongerensite Elqalem plaatst deze organisatie zich in een vertrouwde Nederlandse traditie. Niet die van Theo van Gogh, maar die van Jenny Goeree en de Jehova's Getuigen, zendelingen die ook zo nu en dan blaadjes verspreiden waarin homoseksuelen worden gewaarschuwd met Gods Woord in Leviticus 19:13.'

Uit een onderzoek van het COC bleek dat 40 procent van de homojongeren last heeft van discriminatie wegens hun geaardheid. De discriminatie uitte zich in pesten, schelden, naroepen, roddelen en fysiek geweld. Veel jonge homo's, lesbiennes en biseksuelen voelden zich onveilig op straat door het verbale en non-verbale geweld. Tijdens een debat dat het eerder genoemde tijdschrift *Expreszo* organiseerde over moslimshomo's, zei student Youssef Boussaïd: 'Voordat we proberen de hele moslimgemeenschap te emanciperen, is het belangrijker dat er hulplijnen, opvangplaatsen en stevige netwerken komen voor moslimlesbiennes en moslimhomo's. Is coming out nu wel het belangrijkste voor moho's? Veel belangrijker blijkt te zijn dat gelovige gays met zichzelf in het reine komen: "Ben ik wel een goede moslim nu ik homo ben?" Dat is belangrijker dan het aan je ouders te vertellen.'

Boussaïd is de spreekbuis voor moho's geworden. Hij is een van de weinigen die zich uitgebreid liet interviewen op televisie. De meeste moho's leiden angstvallig een dubbelleven. De kans is groot dat ouders ieder contact met hun zoon verbreken als ze weten dat hij homo is. Schaamte speelt daarbij een grotere rol dan religieuze overwegingen. Volgens Boussaïd leven de moslimjongeren in Nederland in een tijdvacuüm: zij hebben de normen en waarden overgenomen van hun ouders, de allochtonen die in de jaren zestig naar Nederland kwamen. In Turkije en Marokko zelf zie je travestieten en ook wel eens gays hand in hand op straat lopen. Marokko gold altijd als een paradijs van de herenliefde. Paul Bowles, André Gide, Jean Genet, Michel Foucault en de Nederlandse schrijvers Hans Warren en Jan Hanlo beleefden er gouden tijden, al is deze vorm van toerisme in de laatste decennia steeds meer verschoven naar het Verre Oosten. Maar nog steeds is er een levendige gayscene in het land en lijken de bewoners – zoals voor veel kwesties geldt – veel toleranter te zijn dan de Marokkanen in Nederland.

In de herfst van 2005 verscheen in Beiroet het eerste tijdschrift voor Arabische homo's, getiteld *Barra* (Arabisch voor buiten, naar buiten). Eerder dat jaar werd voor het eerst de Internationale Dag tegen Homofobie gevierd in Beiroet, en komen er steeds meer homovriendelijke cafés bij in de Libanese hoofdstad. De afgelopen tien jaar kreeg de stad na de verwoestende burgeroorlog langzaam maar zeker weer iets terug van zijn glamour en grandeur. De hipste tent uit die tijd, de BO 18, nam het initiatief en de wilde feesten die er gevierd werden deden me erg denken aan de glorietijd van homodiscotheek de IT in Amsterdam. Maar de schijn bedriegt, want de gevreesde zedenbrigade viel regelmatig panden binnen waar homofeesten werden gehouden.

Ondanks het verschijnen van een homotijdschrift en een redelijk bloeiende homoscene, is Libanon nog steeds geen paradijs. Een goede kennis van me, de Amsterdammer Frits, was er directeur van een internationale liefdadigheidsorganisatie geworden die zich bekommerde om oorlogswezen. De excentrieke homoseksueel, steevast gekleed in een wit tropenpak, had een parmantige wandelstok en een strooien hoed als zijn handelsmerk. In zijn bescheiden appartementje tegenover het Lunapark aan de Corniche van Beiroet ontving hij met grote regelmaat knapen, bij voorkeur jongens uit het Syrische bezettingsleger, tot dat hem noodlottig werd en hij op een beestachtige wijze in zijn badkamer met een broodmes werd afgeslacht. De dader werd nooit gevonden. Wel hield de geheime politie een onbehouwen razzia in de homoscene van Beiroet, in de ijdele hoop een spoor te vinden. Maroun, een kennis van mij, had Frits de avond van de moord nog bezocht en gold als verdachte. Urenlang werd hij in een smerige cel, met een kap over zijn hoofd, bont en blauw geslagen met loden staven. Uiteindelijk stamelde hij dat zijn ondervragers zijn vader maar moesten bellen, een generaal in het Libanese leger. Na het telefoontje werd Maroun onmiddellijk vrijgelaten, wat gepaard ging met duizenden hoffelijkheden en excuses van zijn beulen. De generaal, die tot het bewuste telefoontje niet op de hoogte was van Marouns seksuele geaardheid, gaf zijn zoon vervolgens een pak geld met het vriendelijke doch nadrukkelijke verzoek nooit meer contact op te nemen met de familie. In het blad *Barra* schrijft een Libanese sociologe dat homo's in het Midden-Oosten nog meer verafschuwd worden dan junkies omdat homoseksualiteit als een importartikel uit Amerika wordt gezien, een land van wie de legers en vloten de Arabieren aanvallen, en als een ziekte die door Amerika en Israël verspreid wordt om de islam te ondermijnen. Ondanks alles, concludeert de sociologe, komen steeds meer homo's in het Midden-Oosten en Noord-Afrika die uit de kast. Ongetwijfeld zal de nieuwe film *Submission II* van het Tweede-Kamerlid Ayaan Hirsi Ali (vvd) tot een fel debat in de islamitische wereld leiden. Eind 2005 maakte ze bekend dat het script voor haar film *Submission II* af is. De film verschijnt in de loop van 2006. De hoofdrollen worden gespeeld door mannen, onder wie een homoseksueel. 'Ik stel de positie van homo's in de islam ter discussie. In de film worden zij schepsels van Allah genoemd,' zegt Hirsi Ali. 'De acteurs hebben zich zelf bij mij gemeld. Niet omdat zij het per definitie zo ontzettend eens zijn met mijn boodschap, maar wel omdat zij vinden dat films zoals deze in een land als Nederland gewoon gemaakt moeten kunnen worden. Daar heb ik grote bewondering voor.' Alle medewerkers aan de film, behalve Hirsi Ali, zullen anoniem blijven. 'Iedereen zal onherkenbaar in beeld komen en we maken geen titelrol,' aldus het Kamerlid. 'Op het einde komt alleen een verklaring dat het de grootst mogelijke schande is voor de creatieve wereld dat dit soort maatregelen nodig is.'

Wellicht is het een aardige suggestie om ditmaal gedichten van Abu Nawas op het mannenlichaam te schilderen. Abu Nawas, een van de belangrijkste en meest geliefde Arabische dichters, schreef openlijk over homoseksualiteit in de glorietijd van de islam, toen er helemaal niet moeilijk over werd gedaan. De uitbundige levensstijl en de daden van Abu Nawas, die het liefst schreef over wijn, jagen en jongens, zijn vereeuwigd in het wereldberoemde *A Thousand Nights and a Night*, een meesterwerk dat niet alleen onder Arabieren mateloos populair is. Hieronder twee gedichten, die niets aan de verbeelding over laten:

A gentle fawn passed around the cup
Delicate of waist and slim of flank,
"Will you be on your way, come morn?" he chirped.
"How can we bear to leave?" came the reply.
He glided among us and made us drunk,
And we slept, but as the cock was about to crow
I made for him, my garments trailing, my ram ready for
butting.
When I plunged my spear into him
He awoke as a wounded man awakes from his wounds.
"You were an easy kill," said I, "so let's have no
reproaches."
"You win, so take what you will, but give me fair reward."
So after I had placed my saddle bag upon him he burst
into song,
"Are you not the most generous rider ever, of all Allah's
creatures?"

For young boys, the girls I've left behind
And for old wine set clear water out of mind.
Far from the straight road, I took without conceit
The winding way of sin, because [this horse]
Has cut the reins without remorse,
And carried away the bridle and the bit.

17

Daar komt de bruid,
en zij draagt karmozijnrood

Waarin jonge meisjes dromen over hun prins en smaragd-groene jurken. Waarin blijkt dat ook Nederlandse vrouwen de Marokkaanse bruidswinkel weten te vinden. En ook onder Marokkanen blijkt te gelden: van een bruiloft komt een bruiloft.

De etalage van Bab Marrakech in Amsterdam-West valt niet eens zo op. Bescheiden, twee trouwjurken en wat lichtjes. Maar binnen betreedt de bezoekster, want dit is toch vooral een vrouwenwinkel, een wondere wereld waarin het diepe karmozijnrood en smaragdgroen, het intense turkoois van een tropische zee en het parelwit van damast en satijn precies dat exotische geven dat we kennen uit de sprookjes van Duizend-en-één-nacht.

Bruidswinkels doen in dromen, dat kunnen we rustig universeel noemen. Zal in de typisch Nederlandse bruids-winkel nog het maagdelijk wit de overhand hebben, hier in de winkel van Sarah Bourjel overheersen de kleuren. Sarah is een *negefa* of een *zyana*: een vrouw die de bruid kleedt en opmaakt, en helpt verkleden als zij van bruidsjurk wisselt. Want een beetje Marokkaanse bruid, zo wil de conventie, verschijnt op dat bruidsfeest wel drie of vier keer in een andere jurk.

Hier hangen dromen in zalmroze, lindengroen of goud-gekleurd in het rek. Voile stoffen, met ingeweven of opengewerkte motieven, wijd uitlopende mouwen waarop secuur met de hand de pailletjes zijn genaaid en waar de zomen even secuur zijn afgewerkt met krullerige biesjes. Opvallend is de afwezigheid van sluiers, terwijl die juist zo bij Hollandse bruidstoiletjes horen.

Twee traditionele bruidstronen staan midden in de zaak, je kunt er even op gaan zitten en je voorstellen hoe het straks zal zijn voor die Marokkaanse bruid, als ze daar zit, temidden van twee grote families, in een van haar bruidsjurken. De aanstaande bruid kan hier op maat bestellen, de stoffen komen van ver, maar de naaisters zitten in Amsterdam. De prijs varieert, maar voor een paar honderd euro is er al een simpele, een hele mooie kost gauw vijftienhonderd euro. Sarah kleedt inmiddels steeds vaker Hollandse bruidjes en dat is, laat de stoffen maar door je handen gaan, niet verbazingwekkend.

Aan de toonbank staat een jonge vrouw. Haar ogen staan afwezig terwijl haar handen over de stof gaan. Hij is parelgrijs, zwaar van het borduursel van zilverdraad. De glanzend grijze voeringstof past er perfect bij. Er is niet zoveel fantasie nodig om te bedenken hoe deze vrouw, met haar gitzwarte haar, haar donkere ogen en haar lichtbruine huid op enig moment als een oosterse prinses haar bruidegom zal doen kwijlen.

Allochtone Nederlanders trouwen jong. Het is vergelijkbaar met de gang van zaken in Nederland tot de jaren zeventig. Trouwen was toen voor iedereen iets wat je 'hoorde' te doen, trouwen was, en is dus, de weg naar de vrijheid, de status, het mevrouw zijn in plaats van juffrouw.

En dat trouwen moet ordentelijk, als maagd dus, en met dat geweldige feest. Dat grote moment van je leven vergt sparen. Die ene dag dat daar niet een meisje uit West staat, maar een oosterse prinses, moet helemaal af zijn. Daartoe bloeit een hele Marokkaanse bruidsindustrie: kleding, make-up, kapper, zaalverhuur, muzikanten of dj's, fotografen en catering.

Het pontificaal trouwen is, na een dip in de jaren zeventig en tachtig, ook voor Nederlandse bruidsparen weer helemaal terug. In Marokkaanse families is het nooit weg geweest. Natuurlijk zijn ook daar stellen die het genoeg vinden om met een paar getuigen naar de burgerlijke stand te gaan en te volstaan met koffie en taartjes na afloop. Maar het zijn uitzonderingen. De Marokkaanse bruiloft, vertelt Sarah, is een evenement waarvoor jaren en jaren wordt gespaard, en waarvoor desnoods een lening wordt afgesloten. Het bruidspaar gaat niet zelden, zegt Sarah, met schulden hun nieuwe leven in. Vijfduizend euro is niks, dat ben je kwijt als je je huwelijksfeest geeft in een buurthuis, met bescheiden catering. Tien-, twaalf- en wel twintigduizend euro, natuurlijk is het maar net waar je voor kiest. Zoek je een kasteel uit, of een vijfsterrenhotel, dan kan het feest wel dertig mille kosten. Dus het is maar wat je te besteden hebt. Dat bepaalt 'de mooiste dag van je leven'. Plus natuurlijk hoeveel de vader van de bruid kan dokken, en wat de status van de familie is. En reken maar dat dat een grote rol speelt. Het lijkt het Gooi wel.

Dat de vader van de bruid betaalt, zegt Sarah, dat is niet meer. De meeste vaders hebben daarvoor gewoon het geld niet. De jongens en meisjes werken er zelf voor. Het is doorgaans goedkoper om in Marokko te trouwen, gewoon omdat alles daar goedkoper is. Maar haar indruk is niet dat dat massaal gebeurt. Je hoort het vaker van Rotterdamse Marokkanen, maar dat heeft ook te maken met de beschikbaarheid van een goede feestlocatie. En die heb je in Amsterdam wel, Salon Osdorp om precies te zijn, voor al uw feesten en partijen. Maar ook in Zaandam, en op Sloterdijk trouwens, zijn genoeg zalen.

Een Marokkaans bruidspaar kan rustig trouwen voor de Nederlandse wet en pas na maanden het huwelijksfeest geven. Hoewel, zegt Sarah, het lijkt wel of er tegenwoordig meer haast gezet wordt. Het zou te veel gebeuren dat stellen al voor het grote feest er de brui aan geven, daar houden vaders niet van.

Uithuwelijken, zegt Sarah, daar hoort ze eigenlijk nooit meer van. 'Welnee,' zegt zij met een vrolijke lach. 'Als dat gebeurt, loopt die meid tegenwoordig gewoon weg en die schande willen die ouders echt niet. Tien jaar geleden gebeurde het misschien nog wel, maar nu niet meer. De instemming van ouders is nog maar beperkt van invloed, het is te vergelijken met Nederlanders, ook Marokkaanse jongeren denken sneller: ze accepteren mijn keuze maar. Die meiden zeggen: het is mijn leven, ook al betekent dat in een extreem geval dat ze hun familie daarna niet meer zien. Hoe pijnlijk ze dat ook vinden.'

Niet ongebruikelijk is dat de Marokkaanse bruiloft zich in twee fases voltrekt. Eerst met de ene familie, dan met de andere. Dat kan zijn omdat anders het gezelschap te groot wordt, vaker gebeurt het omdat de twee families slecht combineren. Ondenkbaar in Nederlandse families. Als daar de twee families elkaar niet pruimen, zal er stevig worden gesproken, doorgaans door de mater familias, die iedereen zal waarschuwen zich te gedragen. Wat doorgaans lukt, tot het moment waarop iemand een stuk in zijn kraag heeft en meent te moeten speechen. Waarna niet zelden de pleuris uitbreekt.

De Marokkanen zijn daarin pragmatischer. Die weten te goed, zegt Sarah, hoe het met al dat temperament uit de hand kan lopen. Zeker als er gedronken wordt. En natuurlijk wordt er gedronken. Laat niemand zeggen dat het anders is. Want het gebeurt. Natuurlijk gebeurt dat. Hoezeer de koran ook leert dat een goede moslim niets tot zich neemt wat zijn lichaam kan schaden. En Sarah heeft het wel meegemaakt, de herrie nog voor het feest begon, en dan zat ze daar met een huilend bruidje.

Want op zo'n bruiloft is Sarah er doorlopend bij. Anders dan Nederlandse bruiloften, is de Marokkaanse traditionele bruiloft er een van veel show. De bruid namelijk draagt daar niet alleen die ene mooie bruidsjurk, de bruid draagt zo'n avond drie, vier en soms nog veel meer jurken. Dat is nog van vroeger, je welstand laten zien. 'Dus voor de bruid is de bruiloft soms vooral een modeshow. Zij heeft niet eens tijd om feest te vieren en te dansen.' De bruid is dan kort in de feestzaal en zal zich na enige tijd weer terugtrekken bij Sarah, die haar opnieuw kleedt, kapt en opmaakt, waarna de bruid opnieuw een glansrijke entree maakt. 'Pas aan het eind van de avond trekt ze haar echte bruidsjurk aan, en dat is heel vaak een moderne, witte, Europese bruidsjurk. Het pronkstuk.'

In de bruidswinkel van Sarah zijn deze middag drie meiden op bezoek. Ze zijn er thuis, een van hen is een nichtje van Sarah. Ze draaien een cd'tje en laten de bezoekster wat fotoboeken zien met voorbeelden van de transformaties van zomaar een Marokkaans meisje in een stralende, zwaar opgemaakte en met zilver getooide bruid. Ze kijken dromerig mee en ja natuurlijk, op elke bruiloft denken ze hetzelfde: op een dag zie ik er ook zo mooi uit.

Hoewel, Nora (20), Nederlandse moeder, Marokkaanse vader, 'denkt daar nog niet zo aan', ze wil eerst haar opleiding afmaken, personeel en arbeid, en gaan werken. Maar Abida (18) en Fatima (18), ja, die wel. Abida: 'En dan gaat iedereen huilen.' Ze smult al bij de gedachte: 'Ze huilen omdat de bruid zo mooi is en de bruid huilt ook. Tuurlijk, want als je trouwt ga je bij je ouders weg. Je begint dan een nieuw leven.' Sara: 'Het zijn tranen van geluk.'

Het is helemaal 'Morgen ben ik de bruid', de jeugdhit van Willeke Alberti, die precies daarover zong... 'Dit is de laatste nacht/ in 't huis waar ik ben grootgebracht/ vadertje, bedankt hoor schat/ ik heb een fijne jeugd gehad.' Hoe lang is dat geleden, dertig jaar? Toen trouwden de meeste Nederlandse meisjes ook nog gewoon van huis uit. Samenwonen gebeurde wel, maar was zeker niet een algemeen fenomeen. In die fase verkeert de Marokkaanse jeugd zo'n beetje.

Fatima bijvoorbeeld, piekert er niet over: 'Ik heb daar geen behoefte aan. Als je elkaar gevonden hebt, en je kiest voor elkaar, dan trouw je. Niets is mooier dan dat!' Abida: 'Samenwonen is tijdverspillen.' Fatima: 'Je hand wordt gevraagd, je verlooft je en je trouwt.' Ze aarzelt: 'Uit respect voor elkaar.' Eigenlijk is ongetrouwd samenwonen, ja, zonde, zegt Abida: 'Je moet gewoon trouwen.' Maar alle drie trouwen ze straks wel met een knul die hun eigen keuze is, daarover geen discussie. 'Het is toch helemaal mijn keuze met wie ik gelukkig wordt. Het is mijn leven!'

Een Marokkaanse bruidswinkel in Amsterdam   © JDvdB

Drie eigentijdse meiden, alle drie het hoofd bedekt. Fatima doet dat pas sinds een paar jaar. Ze is, zegt haar tante Sarah, met haar grootmoeder in hun familie de enige. Haar keuze. Ze mag het zelf weten. Van de familie hoeft het niet zo, maar de tante zucht en ziet hoe veel meer jongeren, juist de laatste jaren, juist als reactie op de veranderde stemming in Nederland in de koran duiken en tot dit soort beslissingen komen. Zoals verstandige moeders plegen te doen over pubergedrag, ze maken er in de familie geen drama van. Het gaat wel weer over.

De meisjes hebben blijkbaar alle drie intussen wel hun weg uitgestippeld. Fatima bijvoorbeeld, ze houdt heus wel van feesten, gaat niet meer naar de disco. 'Ik mocht wel, en ik ben ook wel geweest, maar ik vind er eigenlijk niets aan. Dronken mensen, meisjes die op een avond wel met zes jongens zoenen. Ik heb daar geen zin in.'

Dat betekent niet dat de wegen om jongens te ontmoeten zijn geblokkeerd. School, de straat, maar wij hebben geen idee van al die Marokkaanse feesten die er zijn. Paradiso heeft maandelijks 'maghreb dance', Arabische disco. Maar er zijn overal in het land grote feesten met liveconcerten. Fatima: 'In Osdorp ook, grote disco's met raïmuziek.' Hoeft voor haar ook niet zo, te veel een plek waar een partner wordt gezocht. Ze vindt die feesten een beetje, eh, rock and roll. Ze bedoelt, sex, drugs and rock and roll. Deze meiden zijn gewoon wat minder uitbundig. 'Ik ga liever naar de bioscoop, of wat eten en daarna wat drinken in de stad.' Marokkanen nemen alles nu eenmaal serieuzer, zegt ze. Die doen niet aan onenightstands. 'Dat je iemand leert kennen en dat die zomaar blijft slapen.' Ze lijkt te denken dat alle Nederlandse meisjes dat zo doen, terwijl dat natuurlijk niet zo is. Duidelijk is wel dat zij geen losbol wil zijn.

Dat betekent niet dat die meiden niet ook wel eens een

keertje zoenen, ja, dat toch wel. 'Maar het heeft gewoon met je persoon te maken.'

Trouwens, zegt Abida, je kunt ook jongens ontmoeten op bruiloften. Vooral Marokkaanse bruiloften, omdat dat van die mooie feesten zijn, waarvoor iedereen de mooiste kleren aantrekt. Abida zwijmelt alleen al bij de gedachte daaraan.

Dan maar de vraag, wat we elders horen, dat Marokkaanse meiden hun bruidegom in Marokko zoeken 'omdat alle Marokkaanse jongens in Nederland crimineel zijn' en dat die jongens hun bruid in Marokko halen omdat de Marokkaanse meisjes in Nederland te losbollig zijn. Hoe zit dat? Eerst gegiechel. Fatima: 'Zeker zo een met schapen.' Abida: 'Wij zijn toch in Nederland opgevoed. Wij hebben andere normen en waarden dan die jongens daar. Nee hoor, dan moet ik mij zeker gaan aanpassen aan de Marokkaanse cultuur!' Fatima: 'Het lijkt wel alsof wij hier niet zijn aangepast, maar daar zie je pas de verschillen!' Abida: 'De meeste meisjes die hier zijn opgegroeid hebben een goede opleiding.' Fatima: 'Bovendien, zo'n Marokkaanse man hierheen halen, dat duurt jaren.' Abida: 'Dan moet hij hier nog Nederlands leren, dus dan moet je eerst nog mee naar de dokter en zo, en dan moet je ook nog fulltime werken, nou, dat wil ik niet hoor.' Fatima: 'Ik denk dat dat alleen gebeurt onder ongeschoolde mensen.'

We komen te praten over het feit dat zoveel Nederlanders eigenlijk geen idee hebben hoe het er in de Marokkaanse of Arabische gemeenschap aan toegaat. Sarah: 'Nederlandse buren en kennissen zeggen dan tegen mij: maar jij bent anders. Maar wat is anders. Ik spreek Nederlands als ieder ander, mijn uiterlijk is modern. En dat zegt trouwens nog niets. Ik had hier laatst in de winkel een vrouw in een boerka, een echte. Ik snap wel dat dat schokt, ik schrok ook. Ik dacht meteen: wie zou daar nu onder zitten? Die vrouw gaat door de rekken en vraagt om een laag uitgesneden jurk, met transparante mouwen. Nou vraag ik je. Je kunt je in uiterlijk dus altijd zo vergissen!'

Fatima komt zelf aan met de laatste vraag. Wat is het vervelendste aan die Marokkaanse roots? Sarah antwoordt: 'Dat Marokkanen zo egoïstisch zijn. Dat ze altijd verwachten dat niet-moslims meegaan in hun geloof, wat voor partner ze ook krijgen.' Die vanzelfsprekendheid stoort haar. Evenals de taboes: 'Dat er nog zoveel dingen taboe zijn. En dat al die verschillende cultuurtjes en tradities zo worden vermengd met het geloof.'

Fatima heeft een hekel aan jaloezie. De onderlinge afgunst, zegt ze, is groot: 'Als iemand het gemaakt heeft, wordt daar vaak op neergekeken.'

Dan gaat de winkeldeur open. Een oudere man in een camelkleurige deftige jas komt binnen met in zijn kielzog een mooie, even deftige jonge vrouw. Ze nemen de winkel en het keuvelende gezelschap in zich op en richten dan hun aandacht op de vitrine met de mooiste zilveren sieraden. Sarah en de meisjes staan op. Aan het werk.

18

Je wordt geboren, je leeft en dan ga je dood

Het merendeel van de Marokkaanse Nederlanders heeft zijn wortels in het Rifgebergte. Ergens, daar in een afgelegen dorpje, vinden we na een lange speurtocht neven van Mohammed Bouyeri, de moordenaar van Theo van Gogh. Een uitzichtloos bestaan.

Het was van meet af aan duidelijk dat we in Marokko ook het noordelijk Rifgebergte moesten bezoeken, waar de wortels liggen van het merendeel van de Marokkaanse Nederlanders. Daar werden in de jaren zestig en zeventig de gastarbeiders geronseld en zijn de achterblijvers nog steeds zeer arm. Duizenden jonge Marokkanen zijn zo indertijd vertrokken, hebben zich in Europa gevestigd en hebben daar hun gezinnen gevormd. Bijna al die Marokkanen keren op enig moment met hun gezinnen terug om in Marokko vakantie te vieren. Terug naar ouders en grootouders in het Rifgebergte of in de dorpen aan de Middellandse Zee.

Zij die in Europa doorgaans verkeren in de onderste lagen van de maatschappij, zijn hier rijk. Ze zitten goed in de kleren, hebben een goede auto en hebben kunnen sparen voor datgene waarvan menige Marokkaan alleen droomt: een eigen huis. In Noord-Marokko bouwen ze als gekken. En dat is niet alleen vanwege de aardbeving in februari 2004; er zitten nog duizenden inwoners uit dat gebied in tentenkampen. Honderdduizenden immigranten uit Duitsland, Nederland, België en Frankrijk pompen zo geld in de noodlijdende economie van Marokko en hangen vooral tijdens de zomervakantie de gebraden haan uit. Dat geeft scheve ogen.

Want de doorsnee inwoner van dat gebied plukt daarvan geen vruchten. Hij voelt zich alleen maar een loser bij het zien van die rijkdom – hoe relatief die ook is. Die zal jaloers spreken over de bruiden die naar Nederland worden gehaald en daar een leven hebben als een luis op een zeer hoofd, 'want ze hoeft niet eens te wassen!' Of ze hebben het over die Marokkaanse jongens in Nederland over wie zo wordt geklaagd. Het is een voormalige schoolmeester, Marokkaan, overspannen geraakt op een zwarte basisschool in Amsterdam-West, die die afkeuring uitspreekt. Hij heeft weinig met ze op: 'Ze krijgen alles van de Nederlandse regering en dan je zó gedragen, zó lui zijn!'

We hebben gezocht naar de achtergronden van de Marokkaanse immigranten in Nederland en deden dat door de recente geschiedenis gestuurd, via de lijn van één familie, die van de 26-jarige Mohammed Bouyeri.

Mohammed werd in Amsterdam-West geboren, maar zijn moeder Habiba (zij is in Amsterdam gestorven), en zijn vader Hamid komen beiden uit het Rif.

Het Rifgebergte, met slechts een paar doorgaande wegen zo goed als ontoegankelijk, strekt zich uit over honderden kilometers. Tienduizenden Berbers leven er, verstopt achter heuvels, op vlaktes, in plooien van enorme bergwanden, nog net zoals hun voorouders. Hun contact met de buitenwereld is beperkt. Om hier iemand te vinden, moet je wel heel goed zoeken. Maar het is ons gelukt, we vonden de familie van Mohammed Bouyeri.

De pieken van het Rifgebergte zijn nog besneeuwd. Door het winterse zonnetje stijgt de temperatuur tot boven de tien graden. We rijden over de kronkelweg van Al Hoceima naar het zuid-oosten, richting Nador.

Je kunt je de verzengende hitte van juli en augustus makkelijk voorstellen. Je ziet in gedachten busjes voor je rijden, na de reis door Europa en de oversteek naar Tanger, die lange weg door de hitte het Rif in. Je ziet voor je hoe die ouders in het landschap ongeduldig herkenningspunten zoeken, hoe de kinderen achterin weer moeten plassen.

Ons reisdoel is Midar, een kilometer of vijftig landinwaarts ten zuidoosten van Al Hoceima. Daar, zo zeggen Marokkanen in Amsterdam-West, komt de familie van Mohammed Bouyeri vandaan.

Midar – we hadden er nog nooit van gehoord – is veel groter dan we verwachtten: ruim tienduizend inwoners. Na een weekend op stap in Casablanca zijn we plotseling weer

Straatbeeld Midar © GF

in Afrika: een lange, stoffige asfaltstraat, rommelige winkeltjes met plastic uit Taiwan en China, straathandel en veel Transit-busjes. De meerderheid van de opgeschoten jongens van Midar werkt niet. In Algerije noemen ze die nietsdoende, op straat slenterende jongens *hittisten*, muurbloemen. Ze hebben nooit gewerkt en zullen waarschijnlijk nooit werken, tenzij ze hun familie in Europa achternagaan. Ze hebben bijna allemaal wel familie in Europa.

Het is de wekelijkse marktdag. De oude mannen van Midar zitten in hun beste djellaba's op terrassen voor de koffiehuizen, snotneuzen rennen heen en weer met kruiwagens vol boodschappen, ondefinieerbare troep of geiten en schapen, die op hun rug liggen, de poten hulpeloos zwabberend in de lucht. Er wordt gesleept en gesjouwd, de Transit-busjes worden volgeladen. Hordes mensen trekken voorbij. Hoe vind je in dit stadje de Bouyeri's; dit wordt ingewikkelder dan we dachten.

De apotheek. Daar moeten ze alle bewoners van Midar toch wel kennen. Maar nee. De apothekersdame is wel erg behulpzaam en stuurt een jongen de straat op om te gaan vragen. Binnen de kortste keren is er een oploop voor de apotheek. Iedereen wil die buitenlandse journalisten wel helpen. Alleen, niemand kent de Bouyeri's. De grootste mond heeft Abdel. Abdel komt uit de Vrolikstraat in Amsterdam. Hij vertelt het in moeizaam Nederlands. Hij is hier op vakantie. Abdel neemt de leiding: 'Ga zitten, hier, koffie, ik ga zoeken, ik kom zo terug.' Maar Abdel komt helemaal niet terug.

We lopen de dorpsstraat van Midar nog eens af, iedereen lijkt inmiddels te weten wie we zoeken en iedereen is behulpzaam, alleen zonder resultaat.

Dat Bouyeri ook de naam van een dorp is, brengt bij de

navraag in Midar nogal wat verwarring teweeg. We denken bovendien dat de burgerlijke stand hier niet helemaal geautomatiseerd zal zijn. En de gendarmes in het Rif, die nooit Berbers zijn en altijd worden gerekruteerd in andere delen van het land, zijn hier niet bepaald je grootste vrienden.

Dan stopt er een witte bestelbus met een Nederlands nummerbord. Achter het stuur zit Ben, uit Almere. Hij is op doorreis; hij brengt een rolstoel naar zijn invalide oom in Rabat. Ben weet raad. Er is in Midar maar één man die iedereen kent, een rijke zakenman. In *no time* staan we bij zijn huis. Als deze man zegt dat in Midar geen familie Bouyeri woont, kunnen we ervan uitgaan dat in Midar geen Bouyeri's te vinden zijn. De achtergrond van onze vraag maakt geen enkele indruk. Holland, Mohammed en de moord op Theo van Gogh, het zegt ze vaag iets, meer reactie is er niet. Maar waar wonen ze dan wel? Dan moet het in de regio zijn; en die is hier in het Rif nogal uitgestrekt.

Hij heeft er precies twee telefoontjes voor nodig en dan schrijft hij de naam op. Douar Ichmerne. Het staat niet op de kaart, maar Ben heeft een neef met een taxibedrijf. Binnen een halfuur stuiven we in noordelijke richting Midar uit. De bergen in, eerst nog over een gewone weg, na een kilometer of twintig slaan we af en duiken we via de onverharde weg de haarspeldbochten in naar beneden. Steeds smaller, omhoog, omlaag, langs cactushagen en maisveldjes, hier en daar wat huizen. Een uur lang. We passeren, in wolken zand en stof, een oude man op een ezel, vrouwen met jerrycans vol water, een jong, geheel gesluierd meisje. Tot een brede, droge rivierbedding weer uitzicht biedt. We zijn in de buurt.

Verder via die bedding. Aan de kant staan drie mannen, overhemd, suède jasjes, met een klein meisje in een feest-

Neven van Mohammed Bouyeri   © GF

jurk. 'Allesch goed?' klinkt het behulpzaam. 'Bouyeri? Dou-ar Ichmerne?' Natuurlijk: daar omhoog.

Tien minuten later. Ergens beneden eindigt de weg. Het dorp ligt in een bergplooi, in een sprookjesachtige omgeving. Tien huizen, in Berberstijl geschilderd, langs het pad. Ruimte voor meer is er niet, de bergwand loopt verderop en loopt steil af. Hier is het.

We zijn opgemerkt lang voordat we het zelf in de gaten hadden. Vier jongemannen wachten tot we beneden zijn, nieuwsgierig maar rustig. Zo staan we opeens voor een jonge man die zich voorstelt als Khaled. Bouyeri? Ja, zo heten ze hier allemaal. Hij blijkt een volle neef te zijn van Mohammed, even oud, 27 jaar. Natuurlijk kent hij Mohammed, maar vaak is de familie uit Amsterdam niet op bezoek geweest. Vijf keer misschien, vier jaar geleden voor het laatst.

Zijn tante, vertelt hij, werd ziek en stierf. Dat weten we, zeggen we, en we leggen uit waarom we zijn gekomen, dat we wilden zien wat de achtergrond is van dit immigrantengezin. Khaled knikt. Hij weet wat zijn neef heeft gedaan: 'Van de tv. We wisten niet wat we zagen.' Hij zwijgt even, dan opgewonden: 'Hij is gek geworden toen zijn moeder dood ging, dat is wat wij denken. Onze familie, we zijn geen fundamentalisten, dat is hier niet, geen extremisten. Hij is gewoon gek geworden. Slecht is het wat hij heeft gedaan, slecht. We begrijpen er echt helemaal niets van.' Het zijn, dat is wel duidelijk, voor Khaled veel woorden achter elkaar.

Vanaf het hoger gelegen huis kijken inmiddels een oudere man en vrouw, witte djellaba's, rode doek om het hoofd, naar beneden. Het zijn Khaleds ouders. 'Opa en oma zijn dood. Mijn vader is de broer van Hamid, de vader van Mohammed. Hamid is destijds naar Nederland gegaan. In 1965. Nee, hij was de enige. Mijn vader en andere broers bleven hier. 'Hij,' en hij wijst op een tandeloze veertiger, 'is ook een neef.' In een flits gaat het door ons hoofd, al die Marokkanen die vooral hun leven met die uitgebreide families zo op prijs stellen. Dat heeft de familie Bouyeri in Amsterdam dus niet gehad.

Khaleds ouders vinden het buitenlandse bezoek maar niets. Nee, we mogen zeker niet naar boven komen. Khaled haalt zijn schouders op. Hoe zijn leven is? Hij woont hier met zijn ouders en nog vier zussen. Ze zijn allemaal tussen de twintig en de dertig. Ze leven van het boerenbedrijfje, wat groente en tien schapen. Dat gaat, ja. Hij zou ook wel naar Nederland willen, maar weinig kans. Nu helemaal. Hij zegt het met een totale berusting. Nee, het dorp komen ze zelden uit: 'Geen geld.' Om die reden zal hij ook niet trouwen, althans voorlopig niet: een bruid kost drieduizend euro. Dat is erg veel geld. Zijn zussen zijn ook niet getrouwd. Het is hier, zegt hij, nogal afgelegen.

De anderen knikken. Terwijl een kudde schapen vanaf de berg het dorp in holt, stopt een oude man op een ezel en neemt zijn gemak om eens uitvoerig te bekijken wat hier gebeurt. In het dorp wonen dertig mensen. Ja, meer is er niet. De uitzichtloosheid is benauwend.

Ze willen nog even weten waar Mohammed nu is. In Nederland, in de gevangenis. Khaled knikt. Of hij afweegt wie beter af is, is niet duidelijk. Met dezelfde rust zegt hij dat hij verwacht dat hij zijn verdere leven hier zal wonen. Geen drama. Een vaststelling. De treurigheid van dit alles, jonge mensen zonder toekomst, is iets wat wij meer lijken te voelen dan hij. Wat zal hij zijn verdere leven hier doen? Hij lijkt te zijn overvallen door die vraag. Zegt dan: 'Je wordt geboren, je leeft en dan ga je dood.' En knikt naar boven. Zijn vader staat voor hun huis woest te zwaaien met zijn stok. Het is tijd dat wij hier weggaan. Aan de familie in Nederland heeft Khaled niets te zeggen. Hij zou niet weten wat.

19

Een Marokkaanse rapper uit Nederland
gaat los aan de noordkust

*Op reis met Bilal Soufiani, gangsterrapper uit Almere met
een laag knuffelgehalte. Hij leeft in een milieu waarin geweld, drugs en groepsverkrachtingen de normaalste zaak
van de wereld zijn.*

Vrijwel dagelijks was Ali B. in het nieuws: hij trainde mee
met het Nederlands elftal, verbleef vrijwillig enkele dagen in
een gevangenis, zoende tegen al het protocol in koningin
Beatrix en mocht tot vervelens toe zijn ongenuanceerde mening geven over alle mogelijke onderwerpen, van het Mid-
den-Oostenconflict tot homoseksualiteit. Ali B. was voor
zijn 'bekering' een onvervalste kut-Marokkaan die Almere
onveilig maakte, net als zijn plaatsgenoot en collega-rapper
Bilal Soufiani. Bilal, die zichzelf als gangstarapper om-
schrijft, heeft een laag knuffelgehalte. Hij leeft in een milieu
waarin geweld, drugs en groepsverkrachtingen de normaalste zaak van de wereld zijn.

Tussen februari en december 2004 maakten Rob Muntz
en ik voor de RVU elke zaterdagmiddag het radioprogram-
ma *De Inburgerking*, met de rigide inburgeringsplannen van
de regering-Balkenende als dankbaar uitgangspunt. Minister Verdonk eist dat allochtonen – in het bijzonder oudere
Turkse en Marokkaanse moslims – zich aanpassen aan onze
Hollandse cultuur, terwijl niemand ook maar bij benade-
ring weet wat die cultuur precies behelst. Op de posters en

flyers van *De Inburgerking* poseerde Rob Muntz op een scooter in een glimmend trainingspak en met lange vette haren. Voor Rob een oude aftandse pitbull, achter hem een windmolen.

Kort voor de eerste uitzending zaten we zonder 'huis-Marokkaan.' Onze editor Willem Davids bracht uitkomst. Hij kent mensen van de Amsterdamse hiphopband Osdorp Posse. Voorman Def P., de *godfather* van de Nederlandse rapscene, werkt samen met rappers van Turkse en Marokkaanse afkomst. Hij stelde ons voor aan Bilal Soufiani, alias B. Raw. Bilal is een 21-jarige rapper van Marokkaanse afkomst, geboren en getogen in Almere.

Bilals vader Ahmed kwam begin jaren tachtig naar Nederland en startte hier een succesvol schoonmaakbedrijf. Vervolgens haalde hij een zestienjarig Marokkaans importbruidje, Latifa, naar Nederland. Uit dat huwelijk werd Bilal geboren. Volgens Bilal kon zijn vader nooit meer terug naar Marokko, hij vermoedde dat het iets met hasjhandel te maken had. Uiteindelijk scheidden zijn ouders, hertrouwde Ahmed Soufiani met een jongere Marokkaanse en emigreerde hij naar Amerika. Bilal: 'Hij zag mij eens rappen op The Box, was helemaal trots op mij.'

Bilal bleek een regelrecht succes als *sidekick* van Muntz, ook al kwam hij steevast te laat. Hij posteerde zich met zijn boomlange magere lijf achter een bureau op de redactie en ging met een rijmwoordenboek en een dikke joint zijn wekelijkse rap schrijven. Daarnaast richtte hij de BVK, de Bond voor Kutmarokkanen, op en hield hij de luisteraars op de hoogte van zijn leven als zelfverklaard gangsterrapper. Wij namen zijn ruige image met een flinke korrel zout omdat hij slechts één keer met justitie in aanraking zou zijn geweest, nadat hij iemand uit zelfverdediging klappen had verkocht. 'Diens neus had dan ook behoorlijk krom op zijn kop gestaan,' biechtte Bilal lacherig en met onverholen trots op in de uitzending. Hij kreeg veertig uur taakstraf en moest plantsoenen schoffelen in Almere. Hilarisch waren zijn beschrijvingen van de diverse schoffelmethodes, waaronder de zogeheten omelet die een bepaalde beweging vereist onder struikjes.

Op een dag verscheen Bilal niet op de redactie. Hij bleek op straat in Amsterdam-Oost te zijn gearresteerd omdat hij voldeed aan het signalement van een Marokkaan die kort daarvoor iemand met geweld had beroofd. Bilal werd pas zes uur later vrijgelaten. Wat wij toen nog niet wisten, maar waar we anderhalf jaar later achter kwamen in Marokko, was dat Bilal bijna zes maanden had vastgezeten in jeugdgevangenissen wegens straatroven met geweld, inbraken, vechtpartijen, autodiefstal en talloze andere delicten.

Ondanks alles was Latifa, de moeder van Bilal, apetrots op haar zoon. 'Weet je,' zei ze in gebroken Nederlands, 'vroeger was hij zo'n brave lieve jongen, hij ging heel vaak naar de moskee om te bidden.' Onze gangsterrapper reageerde zichtbaar geïrriteerd: 'Nee, mam, je kletst uit je nek, ik ging toch alleen tijdens ramadan!'

Als kind had Bilal nog een poosje koranles gevolgd bij de moskee in Almere. Hij lag echter voortdurend overhoop met de strenge en autoritaire Egyptische geestelijke en had de man uiteindelijk een paar flinke klappen gegeven. Einde oefening.

Latifa was nog nooit naar de optredens van Bilal geweest, ze gaf niet om die muziek. Over vader Ahmed werd niet graag gepraat in het gezinnetje. Zusje Nora: 'Aan mijn vader heb ik niks gehad, helemaal niks. Mijn moeder heeft ons prima opgevoed, ze was vader en moeder tegelijk. En Bilal is een ideale broer, hij zorgt altijd voor mij en beschermt me als het nodig is.'

De kleine, muffe slaapkamer van Bilal hing vol met voetbalposters, de kasten puilden uit van de hiphopoutfits. Moeder Latifa: 'Allemaal troep, ik vind dat stomme kleren.' Karl Kani, in felle gele en oranje kleuren, was oververtegenwoordigd. Volgens Bilal was het merk echter al weer uit de mode: 'De Somaliërs lopen er mee, nou, dan weet je het wel.'

De merken die Bilal nu droeg waren Southpole en Ecco. Hij kreeg de kleren met korting van vrienden die bij Front Runner en Foot Locker werkten en 'er viel natuurlijk wel eens wat van de vrachtwagen'. Hij pakte een feloranje pak uit de kast waarop duidelijk afdrukken van schoenzolen stonden: 'Dit is wat er gebeurt als je Karl Kani in de bus draagt en je Lonsdale-jongeren tegenkomt.'

De rappers waar Bilal mee omging waren van Marokkaanse, Turkse, Surinaamse, Iraanse en Somalische afkomst. In zijn 'posse' werd een vreemd mengtaaltje gesproken waarin Arabisch, Engels en Sranantongo doorklonk. 'Dope', 'lauw' en 'gruwelijk' betekenden oké, 'wack' stond voor slecht, met een 'banga' (sletje) kon je 'chillen', een 'dickrider' slijmde bij andere rappers. De meeste rappers hadden een strafblad.

Almere is tot hiphopstad van Nederland gebombardeerd, met de Stadsrapper van het Jaar als hoogtepunt. Bilal liet ons regelmatig cd'tjes horen met in Almere opgenomen 'battles', waarin rappers verbaal de strijd met elkaar aangaan. De 'host' bepaalt wie gewonnen heeft. Bilal luisterde aandachtig naar de battles en lichtte waar nodig een en ander toe: 'Kijk, DRT (de stadsrapper van Almere) is hier veel correcter op de beat, je weet toch, hij houdt maat, is constant.'

Soms leverde het geïmproviseerde bekvechten verrassende teksten op maar vaak bleef het niveau beperkt tot kontneuken en iemands moeder in de bek schijten. Op onnavolgbare wijze schetste Bilal de verhoudingen tussen rappers in Damsko (Amsterdam). Er bleek veel haat en nijd te heersen tussen de rappers, en het was volgens Bilal puur toeval dat er nog geen doden waren gevallen: 'Kijk, je luistert nu naar Kimo. Die gast heeft klappen gehad van Lange Frans en Baas B.'

Lange Frans heeft de vriendin van Kimo geneukt, en Baas B. heeft diens zusje van veertien geneukt. Of omgekeerd, dat werd ons niet helemaal duidelijk. Kimo schreef de klassieker 'Wil je mijn handtekening, dan moet je pijpen slet.' Bilal lichtte het nummer 'Sommige wijven doen alles voor geld' toe: 'We noemen ze "golddiggers", gouddelvers. Als ik met mijn boys in de studio zit, zijn er altijd wijven. Allemaal willen ze neuken, het zijn gewoon groupies, banga's, sletjes, er is natuurlijk niets mis met "groupie love". Eens was er een meisje helemaal uit Assen naar Amsterdam gekomen, ze heeft zich toen door vijf man laten nemen in de studio, daarna ging ze weer terug met de trein, fucking tweeënhalf uur in de fucking trein naar fucking Assen, je weet toch.'

In juni 2005 vertrokken we met Bilal naar Marokko om daar de driedelige radiodocumentaire *Bilals Battle* op te nemen. Kort voor ons vertrek gingen we nog even naar Almere om Bilals moeder gerust te stellen, ze had in eerste instantie weinig fiducie in de onderneming. 'Straks krijg ik telefoontje van politie uit Marokko, dat hij vast zit of zo. De zoon van mijn vriendin zit in een Turkse gevangenis omdat ze daar op luchthaven een paar kilo drugs in zijn koffer hadden gestopt, echt waar, ik ben zenuwachtig, ik weet niet met welke mensen hij in Marokko omgaat, misschien wel slechte mensen.' Half dreigend, half ginnegappend zwoer ze dat ze ons wel zou weten te vinden als haar lieve zoontje door onze nalatigheid in de problemen zou geraken in Marokko. Later vernamen we dat Latifa huilend in de rechtbank had gezeten toen Bilal moest voorkomen en dat ze hem daarna dagelijks trouw kwam opzoeken in de diverse jeugdgevangenissen. Zijn vader Ahmed bezocht hem ook wel eens en smokkelde dan brokken hasj naar binnen voor zijn lieve zoontje.

's Morgens vroeg op Schiphol, kort voor het vertrek naar Tanger, vroegen we aan Bilal of hij toevallig nog wat dope op zak had. Uit de zakken van zijn oversized trainingspak viste hij na enig gegraaf haast achteloos een pakje wiet: 'Oh, shit, dat was ik helemaal vergeten.' Onder lichte dwang wierp hij het kleinood met zichtbare tegenzin in een prullenbak. In de sluis naar het vliegtuig van Iberia stond een marechaussee met een snuffelhond geposteerd, waarschijnlijk op zoek naar explosieven en/of drugs. Toen Bilal de hond voorbij liep, werd het beest even onrustig, maar schatte kennelijk in dat er hier geen al te grote beloning te halen viel.

Op het kleine vliegveld van Tanger werden we niet opgewacht door De Neef. De Neef was wel vertrokken uit Tetouan maar had onderweg naar de luchthaven autopech gekregen, of iets in die geest. De Neef zou – als we Bilal moesten geloven – vanaf het moment dat we voet op Marokkaanse bodem zetten, als een soort *superfixer* al onze wensen in vervulling laten gaan. Twee weken bleef Bilal vol bewondering over De Neef spreken. We zouden hem echter nooit ontmoeten.

Diezelfde dag zaten we in een chic restaurant aan de boulevard van Tanger kreeft te eten toen Bilal triomfantelijk grote ballen hasj op tafel legde. Muntz reageerde stomverbaasd: 'Je bent gek man, straks worden we gearresteerd en zitten we in die fijne bajes hier, een soort *Midnight Express* maar dan in Marokko.' Volgens Bilal was het gebruik en het bezit van hasj volledig legaal in Marokko, zolang de hoeveelheid maar voor eigen gebruik bestemd was: 'Ik zit altijd met mijn Neef op terrassen te blowen, gewoon openlijk, en de politie reageert niet eens. Man, de politie blowt zelf ook, jullie hebben gewoon een heel verkeerd beeld van Marokko.'

Straatbeeld Tanger in de vroege ochtend   © GF

Een paar dagen later maakten we geluidsopnames in de kasba van Tetouan. Op het moment dat hij een zingende dorpsgek wilde vastleggen, zag ik hoe Bilal plotseling werd ingesloten door vijf agenten in burger. We werden opzichtig naar een juwelierszaak gemanoeuvreerd, inmiddels omsingeld door negen agenten die allemaal druk in de weer waren met enorme walkietalkies. Temidden van deze kakofonie probeerde ik met de belangrijkste heer van dit bonte gezelschap in het Arabisch en Frans een gesprek te voeren. Deze situatie was mij op een onprettige manier bijzonder vertrouwd, ik had dit uitentreuren meegemaakt in Tunesië, Egypte, Libanon, Irak, Iran en Syrië: landen waar je zodra je met een camera of microfoon op straat loopt, binnen de kortste keren allerlei snorremannen op je dak krijgt. Ik had niet de moeite genomen om in Nederland een persaccreditatie voor ons aan te vragen, de opnames zouden toch uitsluitend op Bilal geconcentreerd zijn. Bovendien word je, wanneer je officieel geaccrediteerd bent, regelmatig geschaduwd en neemt de plaatselijke politie in hotels elke avond de gastenlijsten door. De autoriteiten weten in principe altijd waar je je bevindt.

De agenten in de kasba van Tetouan waren bijzonder vriendelijk, al duurde het oponthoud al met al bijna twee uur. De agenten konden niet geloven dat je in Nederland zonder enige vergunning mensen op straat kunt interviewen.

Bilal, die eerder hoog opgaf over de zo tolerante Marokkaanse politie, wilde niet langer illegale geluidsopnames maken. De opnames vonden daarom steeds vaker in ons hotel en verdekt in de huurauto plaats.

Bilal had nog nooit een Marokkaanse vriendin gehad, in Nederland, noch in Marokko. Als hij wilde, zo probeerde hij ons te overtuigen, kon hij hier zo een bruidje vinden om mee naar Nederland te nemen. Hij hoefde alleen maar De Neef in te schakelen.

Volgens Bilal werden in Marokko vooral de ongeschoolde meisjes onder de vijfentwintig uitgehuwelijkt. Meiden met een opleiding waren volgens hem te slim en te mondig, daar hielden Marokkaanse mannen niet van. Hij had eens aan zijn moeder gevraagd waarom ze op haar zestiende met zijn pa was getrouwd. Alleen omdat hij in Europa woonde, had ze geantwoord.

Via een barkeeper in Martil, de badplaats waar we waren neergestreken, kreeg Bilal kennis aan Touriyah. Hij nam haar de eerste avond mee naar ons hotel, waar de receptionist haar in eerste instantie de toegang weigerde omdat hij dacht dat ze een hoer was (hetgeen ook onze eerste indruk was). Bilal boekte een extra kamer voor haar waarmee het probleem opgelost was. De volgende dag bij het ontbijt meldde een stralende Bilal ons dat hij met een dilemma zat: zou hij Touriyah mee naar Nederland nemen of moest hij haar hier achterlaten? 'Ik had dit nooit verwacht, weet je, we voelen elkaar aan. Voor mij is het raar man, ik ben tot over mijn oren verliefd. Deze chick, ik weet niet wat het is, man.'

Touriyah was vierentwintig en had een kind van acht maanden. De vader van het kind werkte in de Spaanse enclave Ceuta, tussen Tanger en Tetouan. Haar moeder was overleden, haar vader hertrouwd en omdat Touriyah niet kon opschieten met zijn nieuwe echtgenote woonde ze nu bij een tante. Officieel werkte ze als serveerster in een restaurant. Bilal had haar de eerste nacht tachtig euro gegeven. Volgens hem maakte dat haar nog geen hoer, omdat ze dat geld louter en alleen aan haar kind besteedde. We vroegen aan Touriyah of ze met Bilal naar Nederland wilde reizen. Ja, dolgraag, insjallah, als God het wil.

Bilal zei herhaaldelijk dat hij rustiger was geworden met de jaren, maar daar merkten wij weinig van. Onze gangstarapper uit Almere wilde definitief een punt zetten achter zijn criminele leven en zich alleen nog maar met hiphop en rap bezighouden, zo hield hij ons voor. Hij deinsde echter nog steeds niet terug voor straatroof met geweld, zeker als hij in geldnood zou komen. 'Als ik geen geld heb, ga ik iemand rippen, ik rip die gasten dood. Meestal zijn het toeristen, vooral Amerikanen. Die gasten hebben altijd wel duizend euro op zak, zijn vaak dronken, ze weten niet eens het politiebureau te vinden. Je weet toch, dat harde heb ik van mijn vader, in Marokko moet je keihard zijn om te overleven.'

Bilal, na vijf flesjes Heineken: 'Mijn vader is een *mean motherfucker*. Ik lijk sprekend op hem, qua lichaamsbouw en qua karakter.' Hij vertelt een gruwelijk verhaal ter illustratie. 'Ik had eens een boel geld op zak en werd beroofd door drie negers. Helemaal *fucked up* ben ik naar mijn vader gegaan. Mijn vader belt naar een oom, die kwam langs met nog een gast en toen zijn we door Almere gaan rijden om die negers te vinden. In Almere Haven staat een boom die een soort hangplek is. Die negers zaten daar dus. "Komen jullie maar effe een stukkie met ons rijden, gaan we even ergens praten," zei mijn vader tegen de negers. Die wilden dus niet mee, zagen de bui al hangen. We reden naar een bos. De jongens wilden niet uitstappen. Mijn vader en mijn oom hadden een gast meegenomen, een beer van een vent die flikker is. Die zag drie lekkere maagdenkontjes, ik wist al wat er ging gebeuren. "Eerst het geld terug," zei mijn pa. "En dan de broeken naar beneden." Die flikker trok een paar keer aan zijn pik en verkrachtte ze alle drie. Ik kreeg hoofdpijn van het gegil. Maar ja, wie kaatst kan de bal ver- wachten. Dus jullie weten wat jullie te wachten staat als jul- lie mij iets flikken.' We weten niet of Bilal het verhaal ver- zonnen heeft, hij heeft een levendige fantasie en dat is nog zwak uitgedrukt. Maar de details van het verhaal waren angstaanjagend precies.

De spanningen tussen ons en Bilal liepen steeds verder op. We moesten hem iedere dag weer geld 'lenen' en hij dreigde om het halfuur met het radioproject te stoppen. Hij hing ons dusdanig de keel uit dat we besloten om een nacht zonder hem te gaan stappen in Tanger. Toen we een dag later terug- kwamen in ons hotel, troffen we een woedende en briesende Bilal aan. 'Godverdomme, waar waren jullie, stelletje kloot- zakken. Ik heb mijn laatste geld aan die hoer gegeven, heb vierentwintig uur niets gegeten, kijk eens hoe mager ik ben geworden. Jullie brengen me nu naar het vliegveld, ik heb mijn moeder gebeld dat ik naar huis kom. Ik zal mijn neef een kilootje hasj in jullie koffers laten stoppen, moeten jullie eens kijken wat er dan gebeurt op de luchthaven, kankerlij- ers.' Voor en tijdens de terugvlucht naar Amsterdam hielden we onze bagage voor alle zekerheid angstvallig in de gaten.

20

In de moskee: we moeten bruggen bouwen.
Maar hoe?

Waarin twee moskeebestuurders, leunend met hun rug te-
gen de muur, moeten herstellen van een schok: op de vloer
van de gebedsruimte ligt languit een blonde meid.

Na de moord op Theo van Gogh hebben de Marokkanen zich aanvankelijk angstvallig stilgehouden, maar in de loop van het afgelopen jaar is dat veranderd. Niet in de laatste plaats vanwege het Nederland-Marokkojaar, omdat dat ge-paard ging met honderden lokale evenementen die waren gericht op wederzijdse kennismaking. Het themajaar was er niet voor georganiseerd, maar achteraf kun je vaststellen dat het wel erg goed uitkwam dat het er was.

De in islamitische kringen populaire Zwitsers-Egyptische filosoof Taraq Ramadam – hij publiceert veel over de islam en het Westen – zei vorig jaar in het programma *Tegenlicht* van de vpro dat hij niet zozeer zat te wachten op respect als wel op verwarring: 'Want dan pas krijg je een gesprek.'

Ook de jonge Canadese publiciste Irshad Manji – gebo-ren in Oeganda (Pakistaanse wortels), islamitisch opge-voed, openlijk lesbisch – doet in haar jongste boek *Het Islam Dilemma* haar best om een discussie uit te lokken met uitge-sproken standpunten. Zij zoekt de confrontatie met funda-mentalistische moslims en pijpt de boel lekker op, met het-zelfde doel: uitdagen. En vervolgens in gesprek te komen.

De Nederlandse moslims missen intellectuele grootheden die het publieke debat aanvoeren. De oorspronkelijk Somalische Ayaan Hirsi Ali kan stevige standpunten niet worden ontzegd, maar andere politici, van Marokkaanse of Turkse afkomst, zoeken de confrontatie niet op. Noem het polderen wat wij Nederlanders doen als het gaat om het debat over de islam in onze maatschappij. Nederland is een land van bruggenbouwers, en dat is precies wat veel Nederlanders, autochtoon en allochtoon, van hoog tot laag nu doen. De uitslag van de gemeenteraadsverkiezingen in maart, met een hogere opkomst van allochtone kiezers dan in voorgaande jaren en die voorkeur voor links, is illustratief.

Dat bruggenbouwen gebeurt ook vanuit buurthuizen, kerken en moskeeën. Daar doen Marokkanen hun best om de verscherpte verhoudingen te normaliseren. Dat gebeurde al meteen, vlak na de moord in november 2004. In grote steden kwamen gezelschappen in allerlei samenstelling bij elkaar.

Grote vraag was natuurlijk hoe je dat bruggenbouwen doet. Marokkanen zijn er nog een beetje schuchter in.

Zelden zoveel allochtone zoeterds bij elkaar gezien. De vergelijking met de evangelische jongerendag drong zich op. De bijeenkomst was in buurthuis de Tagerijn in het Amsterdamse stadsdeel de Baarsjes, op een van die bijeenkomsten met moslimjongeren, eind 2004, voorjaar 2005. Het ging over bruggen bouwen. Vanuit de moskeeën zaten daar Turken en Marokkanen bij elkaar om te bedenken wat hun bijdrage kan zijn aan een andere beeldvorming, hoe zij de kennismaking met autochtoon Nederland beter vorm kunnen geven.

Het was een bijzondere bijeenkomst. Alleen al vanwege de vaststelling, aan het begin van de avond, dat het inderdaad achterlijk te noemen was dat er nauwelijks meisjes waren.

Oprecht bezorgd waren deze moslimjongeren, bereid om de handen uit de mouwen te steken – het haalt de tv niet maar je zou kunnen zeggen: Neerlands hoop in bange dagen.

Maar toen de uitwerking. Ja, een dialoog, die moest er komen. Open dag houden in de moskee was een van de meest verstrekkende ideeën. En toen bleek niet alleen dat bij hen het repertoire ontbreekt om jezelf, naar fraai Nederlands voorbeeld, eens met een goede stunt neer te zetten. Ook bleek hoe groot de schuchterheid is waarmee zelfs deze generatie aarzelt om de grote stap in die andere wereld te zetten.

Het Amsterdamse gemeentebestuur zette na de moord op Theo van Gogh al het project 'Wij Amsterdammers' in de steigers. Politiek georiënteerde jongeren houden evenementen als 'Ben je bang voor mij'. Jongeren uit religieuze hoek hebben de 'blind date' opgezet: gespreksavonden waar alle soorten en kleuren jeugd aanschuiven om 'kennis te maken' met elkaar. Allemaal vanuit de gedachte dat discussiëren de enige vruchtbare weg is en dat je iets van elkaar moet weten om in gesprek te kunnen gaan.

Zo opende begin 2005 de Badrmoskee in Amsterdam-West voor zo'n blind date de gebedsruimte. Twee moskeebestuurders leunen met hun rug tegen de muur. Ze zitten te herstellen van een schok. Op een bijzondere discussieavond in de moskee, met jonge mannen en vrouwen, Nederlands en allochtoon, is de gebedsruimte in beslag genomen door nieuw volk en dat is even wennen. Een blonde meid ligt languit over de vloer, gezicht steunend in de handen. Ze luistert aandachtig naar de Marokkaanse jongen tegenover haar. Een dialoog, prachtig, maar dat liggen! De moskeebestuurder zucht. Misschien moet hij er nu maar even niets over zeggen.

De drie mannen, een gescheiden veertiger, een jonge vader en een man van vierenvijftig met oudere kinderen, hebben tijd voor hun eigen gesprek. Zo samen met de schoenen
uit heeft iets knus. Ik vraag of de islam, net zoals bijvoorbeeld het katholicisme, ruimte biedt voor biecht en vergeving. Zet drie moslims bij elkaar en je hebt meteen college.
Het komt er op neer dat je kunt zondigen en dat dat iets is
tussen jou en Allah. Daar zit geen imam tussen. De bedoeling is dat je voor vergeving je zonde erkent, ook tegenover
de benadeelde. Zo moet je bijvoorbeeld gestolen spullen te-
ruggeven en Allah beloven dat je het niet meer zult doen.

Een zonde als overspel laat zich niet zo materialiseren.
Dat opbiechten zeggen ze, is in zo'n geval zelden verstandig
gezien de gevolgen, want het genereert een boel narigheid:
er moet meteen gescheiden worden, want mevrouw is na
overspel meteen *haram*, slecht.

We zitten meteen op de kwestie van de seksuele moraal,
die in al zijn strengheid voor westerlingen moeilijk te begrijpen is. De 54-jarige bekent als jongeman dingen te hebben
gedaan waar hij spijt van heeft. Ze erkennen alle drie, eerst
nog een beetje bleu, dat tussen theologische regels en praktijk een nogal ruime marge bestaat. Ik vraag of dat dan zo
erg is. Wat verwachten jullie van pubers, natuurlijk voelen
die lust, die moeten de wereld toch een beetje verkennen.
Jawel, maar met mate, met mate. Zoenen bijvoorbeeld, is
geen probleem.

We praten over Marokkaanse jongens die een 'wild' leven
leiden – en strikt gesproken dus doorlopend zondigen – tot
ze gaan trouwen. Liefs met een maagd uit Marokko. Over
Marokkaanse meisjes die met hun OV-jaarkaart het land afreizen naar stiekeme afspraken waar niemand hen kent, zodat de kans op herkenning en roddels het kleinst is.

Het is voor autochtonen, die in een grotere seksuele vrijheid zijn opgevoed, lastig te snappen. Het is te veel de be-

nauwde sfeer van voor de jaren zestig, de angst voor schande, de strenge moraal waardoor zoveel stiekem moest, waarin niet mocht worden gescheiden, waarin ongehuwde moeders werden weggestuurd, waarin maagdelijkheid ook in Nederland was verbonden met de eer van de familie.

Ik vertel dat we hier toch allemaal erg blij zijn dat die tijd geweest is en dat we er niet op zitten te wachten dat zoiets nog eens terugkeert. Alsof elk meisje en elke vrouw die meer vriendjes heeft gehad een slecht mens is.

Dat die instelling niet echt bevorderlijk is voor een prettige omgang.

Maar al willen sommige jonge Marokkanen anders, de schizofrenie van hun wereld is groot. Ze doen buiten alles wat God verboden heeft, maar ze zullen er thuis niet over praten. Dat noemen ze respect. Het is meer dat ze conflicten uit de weg gaan. Een Marokkaanse vader zal, zeker als hij niet weet wat hij aan moet met een kwestie, alleen zeggen 'Hou je mond!' Desnoods, als het erg is, slaat hij erop los. Maar een gesprek is er niet. Struisvogels uit angst, uit onwetendheid, altijd die oogkleppen, en dat eeuwige gebrek aan vertrouwen. Dat schiet niet op.

Een jonge knul schuift aan. Hij roemt zijn vader, die hem al vroeg in alle openheid seksuele voorlichting gaf: 'Ook over penetratie en zo!' Hij vertelt trots hoe hij zijn Marokkaanse vriendinnetje, met wie hij nog helemaal geen trouwplannen heeft, gewoon mee kan nemen naar huis. De 54-jarige Mohamed kijkt de jongen strak aan. Hij neemt de proef op de som. Of hij ook zo vrij is dat hij seks heeft? De blik in de ogen van de jongen wordt onrustig: 'Natuurlijk niet.' 'Natuurlijk niet?' vraagt de man. 'Ga jij mij vertellen dat jij zulke gevoelens niet hebt? Ik had ze wel, dat kan ik je wel vertellen.' De jongen ontspant en grijnst licht. 'Ja,ja, ik ben ook maar een mens.' Hij weet totaal niet wat hij met deze onverwachte confrontatie aanmoet. Maar dat zijn zus ook verkering heeft, weten zijn ouders niet. Alleen hij. Zus kan haar vriendje helemaal niet mee naar huis nemen. Dat komt, legt hij uit, omdat zijn moeder 'nogal conservatief' is. Altijd die twee maten, zeg ik. Hij kijkt me aan alsof ik van Mars kom.

En dan gaat de jongeman weg. Hij wil met de discussies vanavond met die andere jongeren niet meedoen. Hij gaat toch niet discussiëren met meisjes?

21

Jonge moslims missen nog het vermogen om vrij te denken

Ahmed Marcouch, voor de PvdA stadsdeelvoorzitter in het Amsterdamse stadsdeel Slotervaart, blikt terug: 'Er zijn altijd mensen die willen slopen wat anderen met hard werken hebben opgebouwd.'

Dat hij meteen na de moord op Theo van Gogh, 'de boel bij elkaar wilde houden', zal bij Job Cohen blijven horen. Zijn tegenstanders zullen het hem blijven nadragen, zijn bewonderaars zullen hem er altijd voor blijven prijzen. Cohen blijft intussen vanuit de overtuiging dat het de enige goede aanpak is, op die koers voort stomen. Met naast hem wethouder Ahmed Aboutaleb, die dezelfde overtuiging aanhangt, hoewel die er minder voor werd bekritiseerd.

De politieman en jeugdwerker, voormalig secretaris en woordvoerder van de Unie van Moskeeën in Amsterdam en Omstreken, Ahmed Marcouch – heden stadsdeelvoorzitter in het Amsterdamse stadsdeel Slotervaart, doet precies hetzelfde. Hij opereerde nog meer dan die andere twee tussen twee vuren: een o zo eenkennige, voorzichtige achterban en een buitenwereld die met de grootste argwaan kijkt naar alles wat met moskeeën te maken heeft. Alleen ligt zijn operatieveld minder in de schijnwerpers.

Een jaar na de moord op Van Gogh kijkt hij – inmiddels landelijk bekend – terug. Je kunt wel zeggen dat het een tropenjaar was. Niet alleen voor hem. De hele islamitische ge-

Ahmed Marcouch   © JDvdB

meenschap, zegt hij, stond en staat nog steeds onder grote druk.

Hij zal het niet zo formuleren, maar een mens in moeilijke tijden moet blij zijn met kleine vorderingen. Zo noemt hij, gevraagd naar wat er nu, een jaar na die novemberdag in 2004, anders is, als eerste de toon van bewindslieden: 'Na Cohen maken zelfs Donner en Verdonk onderscheid tussen de groep die vijandig is jegens de Nederlandse samenleving en andere moslims. Aanvankelijk werd alles door elkaar gehaald, van religieus, fundamentalistisch tot extremistisch, zodat niemand meer wist waar het over ging, nu wordt dat gescheiden en dat is goed. Toen er laatst weer zeven moslims werden aangehouden, zei Donner, heel opmerkelijk, meteen: het gaat niet om de islamitische gemeenschap. Dat hadden we een jaar geleden ook graag gehoord, maar toen zei Verdonk nog: de moslims moeten incasseren. Nu ligt dat gelukkig anders.'

Marcouch is een tactische man, maar hij heeft ook iets nuchters – wat hem overigens in eigen kring niet altijd in dank wordt afgenomen. 'De druk op de islamitische gemeenschap is zo groot, het aantal vragen aan die gemeenschap zo groot, dat de vrijwilligers die daar in werken er bijna niet meer op kunnen reageren of anticiperen.' Hij is zelf, na die tweede november 2004, op de brug geklommen. Hij ging actief meedenken over de veiligheidsproblemen, over de kloof tussen groepen, 'terwijl je met je eigen achterban overlegt welke rol we moeten spelen'. Hij memoreert de denksessies over radicalisering en extremisme, het streven om intern, binnen de unie van moskeeën dus, beweging tot stand te brengen, verandering. 'Dat vergt discussie, dat geeft conflicten, want mensen zeggen ook: dat willen we helemaal niet.'

Stel je je de gemiddelde moskeebesturen voor: mannen op leeftijd, uit de eerste generatie gastarbeiders, degelijk, gematigd, naar binnen gericht. Dat Marcouch, als vertegenwoordiger van de jongere generatie, als eerste begon met het openzetten van de deuren, is, blijkt nu, niet altijd en overal goed gevallen. 'Het heeft zelfs geleid tot een motie van wantrouwen. Ze vonden het te hard gaan. Maar ik vind het openzetten van de deuren essentieel, je moet een onderdeel zijn van de samenleving waarin je verkeert.'

Marcouch overleefde de motie, maar kon met zijn bestuur wel verkassen van de Badrmoskee in West naar Amsterdam-Noord: 'Ze vallen over mijn standpunten over homoseksuelen, over ons onderzoek naar trouwgedrag. Laat staan dat ze allemaal staan achter de openheid die we betrachten.'

Intussen zijn in bijna al die moskeeën jongeren actief die, opgegroeid in Nederland, de blik net zo naar buiten richten. Zij worden vanuit de koepel van moskeebestuurders gesteund, want ze krijgen vaak, zegt Marcouch, te weinig ruimte. 'Er heerst angst voor het nieuwe, ook angst voor de spiegel die wordt voorgehouden, angst dat ze het niet aankunnen. De moskeeorganisatie wordt heel complex, bij de bestuurders wordt veel verantwoordelijkheid gelegd en dan word je geconfronteerd met je handicaps: de taal niet goed spreken, niet het leiderschap hebben, niet kunnen uitleggen aan je moskeebezoekers waarom je een bepaald beleid voert, dus krijg je geen draagvlak, dus trek je de deur dicht.' Het leidt tot wanhoop. 'Echt een moeilijke positie, want er wordt zoveel verwacht zowel van buitenaf als van binnenuit. Ik heb wel eens de vergelijking gemaakt met een klaverjasclub, daar zitten ook vrijwilligers in het bestuur. Stel je maar voor dat die opeens midden in zo'n moeilijke maatschappelijke discussie komen te staan, opeens zaken moeten doen met lokaal bestuur.'

Hij noemt als voorbeeld de discussie die in dit jaar werd gevoerd in stadsdeel de Baarsjes, waar was bedacht om met moskeeën contracten af te sluiten: moskeeën zouden intern letten op radicaliserende jongens. Turkse en Pakistaanse moskeeën tekenden, de Marokkaanse moskeeën weigerden. 'Wij vonden het niet werkbaar. Onze moskeeën hebben actieve contacten met de buurtregisseurs, zo'n contact zou niet meer onschuldig zijn. Je krijgt een sfeer van aangeven. Daarnaast vond ik het contract inhoudelijk slecht, het was repressief, en het maakte extremisme tot een probleem van de moskee, en dat is behalve onrechtvaardig ook niet juist, want die jongens zitten helemaal niet in moskeeën. Die zitten elders, die zetten zich juist af tegen de moskee, want daar wordt juist een gematigde boodschap gepredikt.'

De moskeeën, meent Marcouch, moeten nog veel meer dan voorheen een maatschappelijke rol vervullen, dat heeft het afgelopen jaar wel geleerd. De moskee, die van oudsher ook een maatschappelijke functie heeft naast dat van gebedshuis, is daar ook geschikt voor en wordt als zodanig nog onvoldoende gebruikt. 'Juist zulke georganiseerde krachten moet je gebruiken, want de reikwijdte van moskeeën is enorm.'

Zijn boodschap, waartegen intern verzet heerst, ontmoet ook extern geen groot enthousiasme, het wantrouwen is nog groot. Marcouch zegt het sterker: 'In Amsterdam is religie zo langzamerhand iets vies.' Achter die opmerking zit grote frustratie. Dat heeft te maken met zijn inzet om de moefti uit Qatar, Yusef al Qardawi, met zijn Europese raad voor fatwa en onderzoek – die hoedt over moslimgemeenschappen in West-Europa en daar grote invloed heeft – afgelopen voorjaar naar Amsterdam te halen. Hij had het, in gedachten, helemaal voor elkaar. De islamitische grootheid, die bereid zou zijn in Nederland het discussiepodium te betreden, die bereid was een fatwa uit te spreken over de moord op Van Gogh: 'Een man die wekelijks spreekt op Al Jazeera, die voor jonge moslims, die zo aan het zoeken zijn, een leidsman kan zijn. De raad is ook een podium waar de overheid haar zorgen kenbaar kan maken.' Maar de moskeeën hadden niet genoeg geld om voor grootscheepse discussiebijeenkomsten zalen te huren. Marcouchs verzoek om financiële bijdragen van de gemeente werd na discussie binnen het college van B en W afgewezen. 'Ze zeiden: "Maar Ahmed, je haalt de islamitische paus naar Nederland!" Eerst hadden ze er nog wel oren naar, maar bij nader inzien werd het een nee. Aboutaleb was voor, Van der Horst was voor, maar Cohen was tegen: scheiding van kerk en staat, dat was het argument. Ik snap dat wel, want de man is omstreden, maar de betekenis in de discussie die nu in dit land wordt gevoerd, had heel groot kunnen zijn. Het is een gemiste kans geweest.'

Marcouch is, maanden na dato, nog steeds ontgoocheld. 'Zoveel jonge moslims zoeken, ze nemen zoveel over zonder kritisch na te denken, we moeten hen voeden. Als die jongeren denken dat de teksten van Mohammed B. zo geweldig zijn, moet iemand met gezag hen vertellen dat dat niet deugt.' Maar hier ging Marcouch blijkbaar net een stap te ver.

Hij verkeert, dat blijkt wel, in een ongemakkelijke positie. Want tegelijkertijd noemt zijn achterban hem soms een judas, iemand die danst naar de pijpen van de Nederlandse overheid. Gelukkig, zegt hij, heeft hij ook aanhang, en dan vooral onder goed opgeleide jongeren die juist ook dit jaar in en buiten moskeeën actief zijn geworden met het leggen van contacten, het discussiëren met andere groepen buiten de moskee. En daarover is hij juist zo tevreden: 'Want dit is onze samenleving, dus de pijn van die samenleving is ook onze pijn.'

Toen het bezoek van Yusef al Qardawi moest worden afgeblazen, vertelt hij, heeft hij overwogen met zijn werk voor de moskeeën en al dat gedraaf langs discussiepanels, tv-programma's en al dat lobbyen, te stoppen. Hij voelde het als afkeuring: 'Ik had zo het vertrouwen dat wij met de gemeente hand in hand aan het proberen waren om alles in banen te leiden, ik dacht echt: het zijn mijn partners die mij nu laten zitten. Het was heel, heel vervelend. Ik dacht echt: ik stop ermee.'

Het leidt tot de vraag of hij dit jaar, juist door zijn open opstelling naar de Nederlanders toe, ook is bedreigd. 'Niet direct, maar ik ben wel vaak aangesproken, op een agressieve manier. Zelfs op vakantie in Marokko, daar werd ik op straat herkend. Dat is eng. Want dat ben ik niet gewend. Ze zijn mijn manier van debatteren niet gewend. Ze vinden, als je in een tv-programma gaat, dat je spugend boos moet worden, ze vinden dat ik, met mijn mening over homoseksuelen, of over het huwelijk, anti-islamitisch ben.'

Het heeft te maken, zegt hij, met vrij denken. 'Er zijn nogal wat jongeren die weliswaar alle theologische kennis kunnen reproduceren, maar in hun denken worden belemmerd door tradities. Ik schrik er van hoe zelfs goed opgeleide jongeren al bij voorbaat over zaken zeggen: nee, dat kan niet, in plaats van dat ze nieuwsgierig zijn. Ze missen vaak het vermogen om vrij te denken. Je moet jezelf toestaan nieuwsgierig te zijn, te twijfelen. Juist de islam is liberaal, er zijn zoveel interpretaties, ontstaan in de context van de samenleving en tijd, je kunt keuzes maken: behoudend religieus, of kiezen voor wat de maatschappij nodig heeft. Maar dan moet je wel durven twijfelen.'

Moslims moeten hun verantwoordelijkheid nemen, juist nu. 'En dat doen ze te weinig. Maar je kunt niet meer schuilen achter religie.'

De discussies die in dit afgelopen jaar zijn gevoerd kunnen leiden tot herstel van de verhouding tussen autochtone en Marokkaanse Nederlanders, meent Marcouch: 'Anders blijven we hangen in dat magnetische veld van terrorisme. In Londen hebben we gezien dat het allemaal niet is af te bakenen langs etnische grenzen, je ziet bekeerlingen die na twee maanden al van alles doen. Er zitten achter al die mensen dus verhalen die niet altijd religieus zijn.'

Nu schrijft hij voor de moskeeën een notitie die moet helpen de weerbaarheid van jonge moslims tegen extremisme te bevorderen. 'Er zijn altijd mensen die willen slopen wat anderen met hard werken hebben opgebouwd. Ik heb niet de illusie dat we morgen allemaal tegen elkaar lopen te glimlachen, maar feit is dat in dit jaar heel veel bondgenootschappen zijn ontstaan.'

22

We willen toch allemaal alleen maar gelukkig worden

Waarin het Nederland van na 2 november 2004 wordt be-schouwd en de Amsterdamse wethouder Ahmed Aboutaleb, zoals het een echte politicus betaamd, altijd hoopvol is.

De jongen met zijn djellaba en zijn hagelwitte gehaakte mutsje die woensdag 3 november 2005 met zijn vriend uit een internationale trein werd gehaald – sommige passagiers meenden terroristen te zien – is wel een mooi voorbeeld. Achttien jaar oud, erg vroom, opgegroeid in de Amster-damse Pijp en hij heeft er geen benul van dat hij er met zijn traditionele outfit opmerkelijk uitzag. Het was hem in Bonn, waar hij in de moskee te gast was geweest gedurende de ramadan omdat hij zo mooi de koran kan citeren, wel opgevallen dat mensen naar hem keken. Maar in Amster-dam, zei hij later, gebeurde dat niet 'want er zijn er zoveel die zo gekleed gaan'. Hij was er, zei hij, dan ook nooit over uitgescholden of op aangesproken.

De jongen, wiens Nederlands nog steeds wordt beperkt door een geringe woordenschat, was duidelijk niet geïnte-greerd. Zijn leven is een Marokkaans leven, thuis en op de koranschool, en met een jonge nicht als verloofde in Ma-rokko verwacht hij in elk geval een groot deel van zijn latere leven daar, of op z'n hoogst heen en weer reizend door te brengen: 'Want haar hierheen krijgen zal wel niet lukken.'

Dat hij met zijn vriend in die trein argwaan had gewekt

door wat langer dan normaal op de wc te verblijven – hij moest zich ritueel wassen ter voorbereiding van het gebed – en door te reizen met bagage – hij had een maand doorgebracht in Duitsland – had hij niet van te voren bedacht. Zijn oudere broer, gelijk gekleed, nam het incident zwaarder op, principiëler ook. Maar die had dan ook meer scholing gehad. De argwaan van de treinreizigers maakte hem rood van drift.

Deze twee Marokkaanse broers, de vroomheid zelve, zouden een jaar geleden helemaal niet benaderbaar zijn geweest. Laat staan dat ze zelf contact zouden hebben gezocht met Nederlandse media.

En dat hebben ze wel gedaan.

Je zou het bijna revolutionair noemen.

De moord op Van Gogh heeft geleid tot een aardverschuiving op Nederlandse bodem. Waren een jaar geleden van alle Marokkanen alleen de tasjesrovers en herrieschoppers, toen 'kut-Marokkanen' genoemd zichtbaar, nu kennen we een hele waaier. Onze Marokkaanse vrienden zijn in soorten en maten in beeld geweest. Alle rangen en standen zijn geïnterviewd, gefilmd, en in het kader van het Nederland-Marokkojaar, 350 jaar handelsbetrekkingen, ook bezocht, hun kunstschatten zijn geëxposeerd, de voetballers, de filmers, ze zijn – eindelijk – normaal geworden. Lijkt wel.

De tasjesrovers zijn er nog wel, maar krijgen niet meer aandacht dan nodig is (ze worden indien mogelijk opgespoord, gearresteerd en heropgevoed), de gewone kinderen gaan naar school en halen alleen af en toe de krant als er ergens eentje rabiate taal uitslaat of bijzonder presteert. Dat het ambtelijk apparaat talloze Marokkaanse medewerkers kent en in winkels, op toneel, bij de politie, in kunstsectoren en in het ziekenhuis ook Marokkanen werken, is geen nieuws meer.

De enige Marokkaan die nu nog op attentie kan rekenen is die in een djellaba. Althans als hij die draagt op jeugdige leeftijd, want van al die senioren is men dat gewend. En hetzelfde geldt voor de hoofddoekjes.

We hebben trouwens ook al geruime tijd het woord 'geitenneuker' niet meer gehoord. Dat woord hoort toch blijkbaar exclusief bij Theo van Gogh.

Of zijn we bang geworden?

Persoonlijk geloof ik van niet. Althans niet wat betreft het thema van de vrijheid van meningsuiting. Als er angst is, is dat omdat vorige zomer terroristische aanslagen zich voltrokken op een uurtje vliegen afstand, in Londen. Gepleegd door jongens die, net als Mohammed B., in het Westen waren opgegroeid. Dat mixte het idee van internationaal terrorisme en *home bred* op een akelige wijze. Niet in de laatste plaats omdat na Mohammed B. ook in Nederland jonge mannen en vrouwen werden gearresteerd, verdacht van en deels intussen veroordeeld voor deelname aan een terroristische organisatie, voor haat zaaien en bedreigingen, voor doodslag en wapenbezit. Dat niet in alle processen zware veroordelingen volgden – de bewijsvoering in deze zaken blijkt steeds weer moeizaam – geeft voedsel aan tegengestelde meningen. *Hardliners* verfoeien ons rechtssysteem, terwijl anderen hun vermoeden bevestigd zien dat die volgelingen van Mohammed B., Jason W., en Samir A. (de laatste ook veroordeeld tot een lange celstraf) niet meer zijn dan een stel mediageile pubers van wie geen echt kwaad te verwachten is.

Hassnae Bouazza, die elders in dit boek aan het woord komt, meent dat het effect van 'Londen' was dat in Nederland de focus verschoof van Marokkanen in Nederland naar internationale moslimterroristen. Want werden een jaar geleden nog ongeveer alle Marokkanen aangekeken op de misdaad van Mohammed B. en in het verlengde daarvan op de daden van alle moslimextremisten, er kwam iets van nuancering. Hassnae is daar wel 'erg blij' mee en is niet de enige.

Burgemeester Cohen neemt intussen die bestrijding van terreur even serieus als het inmiddels spreekwoordelijke 'bij elkaar houden van de boel'. Hij heeft, hoewel veelvoudig uitgeroepen tot held, toch wat commentaar moeten incasseren.

Het aardige is natuurlijk dat in de afgelopen anderhalf jaar, Job Cohen, Ahmed Aboutaleb en Ahmed Marcouch zeggen het veelvuldig, bruggen zijn geslagen en dat er volop is gediscussieerd. Hardliners, zoals Tweede-Kamerlid Ayaan Hirsi Ali en columnist Theodor Holman, zijn daarin niet geïnteresseerd. Dat niet alle Marokkanen fanatieke moslims zijn, wil er bij hen niet in. Terwijl je toch niet kunt ontkennen dat als er afgelopen jaar iets duidelijk is geworden, het wel is dat de variëteit onder Marokkanen – het zijn werkelijk net gewone mensen – toch niet anders is dan die onder originele kaaskoppen. Je zag het in de kranten, op de radio en tv. Discussies op opiniepagina's over bijvoorbeeld hoofddoeken, maar dan tussen imams, discussies tussen Marokkanen onderling over Berbers die geen Arabieren (willen) zijn, twisten over de Marokkaanse columniste Hasna El Maroudi (die na een column werd bedreigd, waarna ook in eigen kring een muur van verdediging werd opgeworpen). Voorheen zag je toch vaker dat er over de hoofden van moslims en/of Marokkanen heen werd gediscussieerd. Het lijkt nu allemaal wat directer te gebeuren.

In september 2005 hield burgemeester Job Cohen van Amsterdam de Multatuli-lezing van dat jaar, in de Grote Kerk van Breda. Daar deed hij uit de doeken waarom hij 'de boel bij elkaar wil houden' in zijn stad. We zijn, betoogde Cohen, sinds de verzuiling is opgeheven, niet meer gewend aan gro-

Ahmed Aboutaleb, de Amsterdamse wethouder   © JDvdB

te, onderlinge verschillen. De individualisering van de samenleving brengt ook eenzaamheid, en het internationale klimaat, met al die aanslagen, genereert dreiging en vervreemding. Tel daarbij op de overlast op straat, de angst om verworvenheden (op bijvoorbeeld het gebied van seksuele vrijheid en vrouwenemancipatie) kwijt te raken, of de angst voor islamisering van de samenleving; dat geeft onrust. Het zijn allemaal aspecten waar ieder wel iets van herkent. Cohen: 'Individuen staan als vreemden tegenover elkaar en weten niet meer welke normen ze wel of niet met elkaar delen.' Pointe van Cohens lezing is de stelling dat het altijd nog de meerderheid is (en dat zijn toch echt de kaaskoppen) die bepaalt hoeveel ruimte een minderheid krijgt. Daarbij hoort, betoogt Cohen, dat die minderheid gelijke rechten en gelijke plichten hoort te hebben en moet worden bejegend met respect voor hun 'anders zijn'. Daarbij zei hij: 'We moeten alles op alles zetten om escalatie te voorkomen.'

Van escalatie was sprake in Frankrijk. De rellen daar kan niemand meer wegzetten als baldadigheid. Het sloeg over naar andere landen in West-Europa, maar niet naar Nederland.

Nederland is, zegt een jaar na de moord de Amsterdamse wethouder Ahmed Aboutaleb, dus nog steeds goed te bewonen, ook voor Marokkanen. Aboutaleb is voor zijn optreden als wethouder in het postmoordtijdperk net zo geprezen als Cohen. En net zo bedreigd trouwens. Hij werd als opvolger van Rob Oudkerk in het diepe gegooid, met een blok beton aan zijn voeten, maar hij watertrappelde vaardig naar boven en naar de kant. Hij heeft iets onverstoorbaars. Ook toen hij en zijn gezin wegens die bedreigingen moesten onderduiken.

Het is een mooi idee om met woorden van Aboutaleb af te sluiten. Vraag je hem wat hem als het meest indringende moment van dit jaar is bijgebleven, dan schetst hij zijn moeder als hij haar in die eerste maanden na de Van Gogh-moord bezocht. 'De soms ontroostbare moeder, die de tv aanzet en de krant pakt, en een dodenlijst ziet met mijn naam erop. Haar onvoorstelbare boosheid, haar angst om ons, de huilpartijen, wanneer ik haar begroette. Dat was ik zo helemaal niet van haar gewend. Dat verdriet, dat huilen, dat heeft een enorme indruk op mij gemaakt. Toen heb ik wel gedacht: men weet niet wat men aanricht.'

Hij spreekt nu nog over een 'vrij gepolariseerd klimaat': 'Maar als je daar doorheen kijkt, en gewoon met je buren praat, zijn de perspectieven wat beter.' Hij spreekt heden, ruim een jaar na de moord, nog niet van 'positief', noemt het liever 'ietsje beter'. Zijn zorgen gaan uit naar de Turken, zegt Aboutaleb, omdat die zich nauwelijks manifesteren, en minder goed integreren: 'Marokkanen zijn individualisten, die willen erbij horen, die bonken op de deur, alleen bonken ze wel eens verkeerd. Maar uiteindelijk zal het met de Marokkanen gaan als met de Surinamers: dat waren eerst ook paria's.'

Aboutaleb vindt dat 2 november in de Amsterdamse geschiedenis 'vastgeprikt' moet blijven als een zwarte bladzijde. Dat er nog steeds angst heerst, ziet hij bijna als onvermijdelijk. 'Er is helaas ook reden voor', ook al plaatst hij het in internationaal perspectief. Hij refereert aan de aanwezigheid van Nederlandse troepen in Afghanistan en Irak. 'Om die reden, net als het feit dat wij als land op goede voet staan met Israël, moeten wij alert blijven op vergeldingsacties. Het gaat om religieus fanatisme.'

Wat hij nu maar hoopt is dat in Nederland zelf niet de verkeerde politici profijt gaan hebben van de onrust van het afgelopen jaar: 'Want er zijn er natuurlijk die uit escalatie een politiek slaatje slaan en ik hoop echt dat de bevolking gezond verstand zal tonen en dat soort gedrag zal afstraffen. Dat hoop ik echt. En dan hoop ik maar dat er weer een beetje vertrouwen ontstaat. Want we willen toch allemaal, dat is universeel, alleen maar gelukkig worden met wat kleine dingen.'